大学生幸福观研究

李乾夫 杨增发 向燕妮 著

中国纺织出版社有限公司

图书在版编目（CIP）数据

大学生幸福观研究 / 李乾夫，杨增发，向燕妮著. -- 北京：中国纺织出版社有限公司，2024.1
ISBN 978-7-5229-1461-9

Ⅰ.①大… Ⅱ.①李…②杨…③向… Ⅲ.①大学生-幸福-研究 Ⅳ.①G444

中国国家版本馆CIP数据核字（2024）第046302号

责任编辑：张　宏　　责任校对：高　涵　　责任印制：储志伟

中国纺织出版社有限公司出版发行
地址：北京市朝阳区百子湾东里A407号楼　邮政编码：100124
销售电话：010—67004422　传真：010—87155801
http://www.c-textilep.com
中国纺织出版社天猫旗舰店
官方微博http://weibo.com/2119887771
天津千鹤文化传播有限公司印刷　各地新华书店经销
2024年1月第1版第1次印刷
开本：710×1000　1/16　印张：12.75
字数：165千字　定价：98.00元

凡购本书，如有缺页、倒页、脱页，由本社图书营销中心调换

序

幸福,是心灵的醉意。

——席慕蓉

  人类一直以来都在寻找一种神秘而珍贵的东西,那就是幸福,它围绕在每个人的人生中,是一种简单而又深刻的体验,是生命中一种快乐的旋律,是一个让我们心灵深处荡起涟漪的词汇,它让我们的生活更加美好且有意义。幸福是每一个人都渴望得到的东西,不论在古代还是现代,东方还是西方,不论是达官显贵还是平民百姓,一生都在追求幸福。幸福是人生的重要目标,是人们所追求的最重要的生命价值之一,每个人都期望在生命的旅途中找到幸福,它贯穿我们整个生命旅程,它伴随着我们的一生,它的存在如永恒的星辰一样,引领着我们前行。那人人追求的幸福到底是什么?幸福在哪里?人生的各个方面对我们追求幸福有哪些重要的影响?在这本书中,我们将开启一段探索幸福之旅,共同探寻幸福的奥秘。

李乾夫

前　言

　　幸福如清泉，润泽人生的花朵。人生是一段充满奇迹和挑战的旅程，人生如同一本精彩的书，每一页都写满了各种各样的故事、冒险和情感，每个人的人生都是独一无二的，充满了机会、变化和可能性。无论我们来自哪里，无论我们的背景如何，每个人都是在一系列的人生经历中不断历练成长，方才塑造了今天的自己。正如伟大的文学家鲁迅曾经说过："幸福的人生往往是平凡而又不平凡的。"幸福是人生中一个关键的元素，是对生活美好和意义的追求，让人生更加丰富和充实。

　　青春如朝阳，照耀幸福的初现。青春，是人生中最为宝贵的时光，是充满朝气和激情的灿烂年华，是充满梦想和希望的黄金时期，充溢着勇敢、探索和成长。在青春的年龄，我们勇往直前，追逐着自己的理想和目标，不畏困难，勇攀高峰。幸福是我们一生追求的目标，在这青春的美好年华，奋斗将这两者相结合，成为一对密不可分的最佳拍档，共同塑造着我们的灿烂人生。幸福的感觉可以激励我们积极主动地投入青春的生活中，当我们感到快乐和满足时，追求梦想，探索未知，充实人生就成了青春的主旋律。懵懂时期，青春的挑战也可以帮助我们更好地理解和珍惜幸福，通过克服困难和挫折，我们可以更深刻地体验到幸福的真正价值。

　　读书如甘泉，浸润幸福的土壤。"知识就是力量""书籍是人类进步的阶梯",这些脍炙人口的读书名言,将读书的重要性体现得淋漓尽致。读书是获取知识、培养智慧的途径,它与幸福紧密相连,通过读书,我们可以深入了解世界,拓宽自己的视野,从中汲取智慧和启发,滋养我们的大脑,充盈我们的心灵。我们阅读的文学作品、哲学著作或诗歌,会赋予我们力量和自信,使我们更好地认识世界、理解世界、树立正确的人生观和价值观,体验情感的升华、心灵的富足,这种成功感和成就感会为我们带来幸福的体验。

奋斗如砖瓦,砌起幸福的城墙。孙中山先生指出"只有不断奋斗,才能走上成功之路",奋斗是实现幸福的重要途径。幸福与奋斗之间存在着密切的关系,奋斗是实现个人目标和追求梦想的过程,而幸福则是在这个过程中获得的一种内心满足和快乐感。努力奋斗去追求自己的目标和梦想,实现个人价值。通过奋斗,我们不断成长、进步,同时培养我们坚持和自律等品质,这些品质对于我们在生活中获得幸福和成功至关重要,在成功的喜悦中,我们也将收获幸福。幸福与奋斗是人生的双重旋律,它们相互交织,相互促进,在追求幸福的过程中不断努力,在奋斗中感受幸福的力量。只有这样,我们才能实现个人的价值,拥有一个充实、有意义的人生,用幸福与奋斗共同谱写人生的华章!

爱国如灯塔,照亮幸福的道路。正如著名作家巴金所言:"我爱我的祖国,爱我的人民,离开了它,离开了他们,我就无法生存,更无法写作。"历史告诉我们,每个人的前途命运都与国家和民族的前途命运紧密相连,只有坚定爱国主义理想信念,将"小我"融入祖国的"大我"、人民的"大我"之中,把对个人成长的追求放到民族复兴的历史坐标之中,与时代同步伐、与祖国共命运、与人民齐奋斗,才能更好地实现人生价值、升华人生境界。弘扬民族精神、传承优秀传统文化、感受文化自信和自豪感,可以获得内心的满足和幸福。通过自己的努力和付出,为国家和社会做出贡献,与时代共同进步,与国家共同成长,这种成就感也是爱国情感带来的幸福感。

奉献如种子，播种幸福的希望。无私的付出和全心全意的奉献都是实现幸福的重要养分。奉献是我们内心最珍贵的种子之一。积极投身公益事业、为家人朋友提供温暖支持、为社会贡献自己的力量，这些都是奉献的体现。只有我们奉献，才能体验真正幸福的滋味。在国家的舞台上，每个人的奉献如同一颗颗星辰，终将汇聚成璀璨的银河，照亮国家前行道路。

道德如船桨，划动幸福的小舟。道德与幸福是人类生活中不可分割的两个要素，它们之间存在着复杂而深刻的关系。遵循道德原则和价值观，如诚实、善良、宽容和正直，有助于维持内心的平静和幸福感；有助于减少内心的冲突和矛盾；有助于维护秩序与公平，营造更加和谐幸福的社会。当社会成员遵守法律与道德规范时，人们更安全，社会更稳定，这种稳定和安全能增加个人的幸福感，对提高整个社会的幸福度有着积极的影响，个体采取道德行为，进一步促进了社会的幸福。

健康如基石，铸就幸福的基础。身体健康和心理健康都是实现幸福的关键因素，健康作为我们的生命之本，是最重要的基础之一，没有了健康的身体，家庭、财富、名利、快乐将都是水中花、镜中月。积极锻炼、合理饮食、保持良好的作息习惯，保持身体健康；关注心理健康，保持良好的心态和情绪。只有身心健康，我们才能真正享受到幸福的生活。健康与我们的生活同行，健康与我们的生命同行，健康与我们的一切同行。

人际关系如彩虹，绘制幸福的色彩。马克思指出，"人的本质是一切社会关系的总和"，人际关系是我们生活中至关重要的组成部分，与幸福存在着紧密的联系。人类是社交型的动物，我们的幸福感往往与我们的人际关系质量密切相关，建立良好的人际关系，可以提高社会联系和幸福感。与家人、朋友和伴侣之间的互动可以带来情感满足感，增强幸福感。建立健康、积极的人际关系有助于提高个体的幸福感，增强心理健康。无论是家庭关系、友情关系还是职场关系，都是珍贵的财富，需要我们精心呵护。

信仰是绿洲，撑起幸福的希望。信仰在人类生活中扮演着至关重要的角色，有坚定的信仰可以为个人带来希望和力量，使人能够在困难时刻保持乐观，增强对生活的满足感、幸福感。信仰是一种强大的力量，驱使人们勇往直前，追求自己的理想和目标。在信仰的引领下，人们可以克服重重困难，在逆境中获得力量，得到强大的精神支持，努力追求真正的幸福，为自己的人生增添更多的色彩和意义，在平凡的生活中不断地收获快乐和幸福。

恋爱如糖果，增添幸福的味道。恋爱是一种极其深刻的体验，它是亲密关系的连接，在恋爱中，人们常常体会到心跳加速、欣喜若狂的深刻情感，这种深度的情感体验可以为生活增添更多的情感层次，从而提升幸福感。恋爱不仅是一种状态，还是一个过程，它可以促使人们变得更加智慧和成熟，在恋爱中，人们学会妥协、沟通和适应，这些都是个人成长的一部分，它们相互交融，共同塑造了人们的情感生活和幸福状态。

工作如舞台，演绎幸福的剧目。工作是大多数人生活中不可或缺的一部分，它与幸福之间存在着复杂而紧密的关系。工作可以为个人提供经济支持，确保基本需求的满足，如衣、食、住、行。这种物质安全感对个体幸福感至关重要，让个体感到有价值和有意义。工作可以提供生计和自我价值感，但过重的工作压力也可能导致严重生理心理健康问题，追求平衡、满足和有意义的工作是实现幸福的关键，只有这样才能创造更富有意义和满足感的生活。

财富如宝石，点缀幸福的光芒。财富可以确保个体和家庭的基本生活需求得以满足，如食物、住房、医疗和教育，当这些需求得到满足时，人们更容易感到幸福和安全。财富可以提供物质上的满足，但它并不是决定幸福的唯一因素。幸福与财富之间的关系是复杂而多维的，财富并不是人生追求的终极目标，而是实现有意义和满足地生活的手段之一，建立积极的人际关系、关注身心健康、追求个人成长和实现自我价值，在有能力的情况下分享财富以造福他人，这才是真正的幸福。

总的来说，幸福与人生方方面面都是紧密相连的。幸福是我们生活的重要目标之一，是一种内在的状态，受多种因素的影响。它可以在不同的生活阶段和通过不同的方式得以实现，每个人都有自己独特的追求和定义幸福的方式，这是一个深刻而充实的人生旅程，它让我们的生命更加有意义、更加充实和更值得珍惜。因此，我们要努力寻找和创造属于自己的幸福，让它成为人生中最美丽的旋律，照耀我们人生的道路。

李乾夫

2023 年 7 月

目 录

第一章　人生与幸福 ………………………………………… 1
第二章　幸福与青春 ………………………………………… 11
第三章　幸福与读书 ………………………………………… 23
第四章　幸福与奋斗 ………………………………………… 37
第五章　幸福与爱国 ………………………………………… 51
第六章　幸福与奉献 ………………………………………… 65
第七章　幸福与道德 ………………………………………… 81
第八章　幸福与健康 ………………………………………… 101
第九章　幸福与人际 ………………………………………… 115
第十章　幸福与信仰 ………………………………………… 133
第十一章　幸福与爱情 ……………………………………… 147
第十二章　幸福与工作 ……………………………………… 165
第十三章　幸福与财富 ……………………………………… 179

第一章

人生与幸福

一、何为人生

"人生"这个词语的起源可以追溯到古代，它是由两个汉字组成的，分别是"人"和"生"。中国古代典籍《庄子》《论语》中"人生"通常用来表示人类生命的整个过程，以及人在生活中所经历的各种境遇和体验，中国古代有诸多描述人生的脍炙人口的诗句，例如：东汉曹操《短歌行》中："对酒当歌，人生几何！譬如朝露，去日苦多。"诗句抒发了对人生短暂与生活不易的感叹；唐代诗人李白《将进酒·君不见》中："人生得意须尽欢，莫使金樽空对月。"诗句表达了人生在世，应该及时享受美好生活的豁达情绪；南宋爱国诗人文天祥《过零丁洋》中："人生自古谁无死，留取丹心照汗青。"他的诗文充满了浓厚的爱国情感，展现对国家和民族的赤胆忠心。现代"人生"这两个字用来描述一个人从出生到死亡的整个生存过程，包括成长、学习、工作、社交、体验和个人发展等方面，常用于哲学、文学、道德和人生观方面的讨论，探讨人的生命和存在的意义，反映人类对自己生命的思考和理解。但无论古今中外，对于任何人而言，人生都是一场独特而精彩的冒险，是每个人都在不断探索、学习和经历的旅程，这段复杂而神秘的旅程，一直以来都吸引着人们的好奇心，引发人们去思考。

人生，是一场精彩的冒险。这段旅途中，充满了无数未知的可能性，每个人都在这场冒险中扮演着独一无二的角色，旅途中的经历、挑战和成就，让人生如此令人着迷。许多文学作品都将人生的冒险展现得有趣生动且具有深刻教育意义，弗兰克·鲍姆的经典童话作品《绿野仙踪》，讲述了多萝西在神奇的绿野仙踪中的冒险经历，她凭借自己的勇气和毅力实现了自己的梦想；丹尼尔·笛福的经典作品《鲁滨逊漂流记》，讲述了主人公鲁滨逊因出海遭遇灾难，漂流到无人小岛，并坚持在岛上生活的故事，作品中主人公坚韧不拔、机智勇敢的品质，让他最后得以回归到原来所生活的社会。这些书籍用精彩的情节和生动的角色形象，展现人生的冒险精神，传达出勇敢地面对挑战、超越自我、追求自己梦想和目标的积极人生态度。在人生的旅途中，我们应该勇敢面对未知，充分利用每一次机会，不断成长，追求生命的意义和价值，让人生的冒险变得更加精彩。

人生是一段学习的旅程。"活到老，学到老；知无涯，生有涯"，学习是我们不断发展的动力，它开启了我们对知识和世界的探索之旅。从婴儿的啼哭到老年的智慧；从第一次走路到最后一次告别；从蹒跚学步的童年到白发苍苍的老年，学习贯穿着整个人生。通过不断学习和积累经验，我们逐渐变得更加聪明和明智，我们逐渐成长为更好的人，我们追求着幸福、成功、爱和满足感，我们的内心世界更加丰富，我们打开了新的视野，我们更深入地理解自己和世界。让我们珍惜这个充满学习机会的旅程，不断追求知识、经验和智慧，让人生变得更加充实和有意义。人生的学习过程从未终结，即使在年老之时，我们仍然可以从新的经历和挑战中学到东西。齐白石是我国著名的画家，他的书画技艺炉火纯青，他不断学习，到高龄时也创作了许多经典的作品；华罗庚被誉为"人民的数学家"，即使在晚年，他仍然克服年老体衰，坚持工作在第一线，在数学研究领域做出了重要贡献。人生是智慧的磨砺，终身学习是每一个人的永恒追求。

人生是短暂而珍贵的。"光阴似箭，日月如梭""一寸光阴一寸金，寸金难买寸光阴"，生命本身是一种奇迹，一个伟大的礼物，每一天都是一个新的机会，一个新的开始。时间在不断流逝，每一刻都将成为过去，生命是一段短暂而珍贵的旅程，我们每个人都有幸参与其中。正因如此，我们应该更加珍惜这宝贵的时光，充分感受每一刻的存在，追求意义和价值，努力过上有意义的生活。鲁迅先生惜时如命，他曾说过："时间就像海绵里的水，只要你挤，总是有的。"他一生多病，但每天都要工作到深夜才肯罢休。他在自己的作品中将这种精神一以贯之，他在《门外文谈》中写道："时间就是生命。无端地空耗别人的时间，其实无异于谋财害命。"他以实际行动和工作成果，践行了他对时间的尊重和珍惜。以感恩的心态度过这段旅程，减少时间的浪费、无谓的烦恼和争执，去追求梦想，建立深刻的关系，探索世界，传递爱和善意。我们应该以更加积极、珍惜和充实的方式过好每一天，人生的奥秘就是在于我们如何度过它，如何让它有意义，如何留下深刻的足迹。

二、何为幸福

"幸福"一词从古代汉语的解释来看，"幸"字从土到羊，是羊在土上，也就是土地养育了羊，使其成长；而"福"字左边的"示"字代表祈祷、祝福，右边的"田"字表示田地、庄稼、土地，在古代中国，土地是绝大部分人赖以生存的最重要的资源，土地是衣食住行一切生活依靠的重要来源。中国古代的幸福观可以追溯到《尚书·洪范》中的五福之说，"长寿、富贵、康宁、好德和善终"，这五福概括了中国古代对于幸福的总体要求和期待：长寿是指寿命长久，健康长寿；富贵是指拥有丰富的财富和高贵的地位；康宁是指身体健康，内心安宁，没有烦恼和压力；好德是指具有仁爱和善良的品德，顺应自然，与自然和谐共处；善终是指安详地离开人世，得到适当的安置和照顾。中国古代的幸福观还强调内心的祥和与安宁，以及知足常乐、淡泊名利等思想，注重个人修养和品德，以及家庭和美、社会和谐等，从个人、社会、国家各个层面阐述了幸福。总的来说，中国古代的幸福观强调身心健康、品德高尚、与自然和谐共处，以及内心的祥和与安宁等方面。这些理念对中国的文化和传统有着深远的影响，也启发和影响着现代社会幸福观的形成。

古代西方的幸福观通常与个人和社会的福祉、满足感及道德价值观有关。古代西方幸福观更注重个人的幸福感和个人价值的实现。古希腊哲学家亚里士多德认为，幸福是通过实现人的潜能和追求道德美德来实现的，他认为，幸福不仅是感觉愉悦，还是一种完美的生活状态，需要智慧、品德和社会联系。古罗马人也强调了品德和社会责任对幸福的重要性。在古希腊文化中，幸福被视为一种通过追求智慧、知识和美德来达到的境界，而不仅是物质上的丰富和满足，它强调个人的自由和独立思考，以及个人与社会的和谐关系等方面。这些价值观对西方文化产生了深远的影响，并为现代社会的幸福观提供了重要的思想基础。斯多葛学派重视智慧和哲学思考对幸福的影响，强调内心的平静和心灵的安宁；伊壁鸠鲁学派强调简单的生活、友谊和对快乐的追求。古代西方的幸福观强调了道德价值观、自律、品德和社会联系对实现幸福的重要性，认为幸福是一种更深刻的生活满足感，而不仅是短期的感官愉悦。

在现代，幸福通常被定义为一种积极的情感和心理状态，表现为内心的满足、愉悦和安全感，这种状态通常与个人生活中的满足、快乐和愿望的实现有关。现代存在着很多种幸福观，例如，"享乐主义幸福观"：认为人生的目的在于追求快乐和享受，把感官的满足看作幸福的主要内容，主张人生的目的是追求个人欲望的满足；"感性主义幸福观"：主张肉体的快乐和感官的满足是幸福的基础，认为人应该追求自己本能和欲望的满足，反对理性对人的支配；"个人成长幸福观"：认为人应该通过自我实现、成长和发展来获得幸福感，强调个人的成长和进步，反对被外界环境所限制和束缚。实际上，幸福并不总是取决于物质财富，金钱和物质生活确实可以提供一定的舒适感和安全感，但是有很多人在拥有了足够的物质财富以后，仍然感到空虚和不快乐。所以，幸福更多地来自内心的满足和心灵的宁静，正如苏格拉底所说："世间最珍贵的不是'得不到'和'已失去'，而是现在能把握的幸福。"

三、幸福对于人生的意义

幸福为人生提供目标和动力。幸福是人生的一种愉悦情感，深刻而美好，追求幸福激励着我们去努力工作、学习、建立人际关系，驱动个体不断成长和发展，赋予人内在的满足感，为人生提供巨大的动力。人们通常会追求使自己感到幸福的事物和体验，这种追求推动了学习、创新和自我实现的进程。当人们感到幸福时，会更加明确自己想要什么，从而更加有动力和方向，更好地制定计划和目标来实现这些愿望。幸福成了人生发展的引擎，有利于激发个体的积极行动和进取心，一个幸福的人通常更容易持久维持积极的心态，更能够应对生活中的挑战和困难，个体的抗压能力高，则在生活中更具幸福感。个体幸福也推动着社会的进步，人人都幸福的社会可以创造良好的环境，激发人们的创造力，使人们积极参与社会事务，为社会的和谐与繁荣贡献自己的力量。社会整体幸福度的提高也有利于提升个人幸福度，社会提供更好的教育、医疗和社会服务，让人们的幸福感更加稳固，并不断追求幸福，塑造更加充实、有意义和有价值的人生，为社会的进步贡献自己的一份力量。幸福不仅是一种情感，更是一种动力，它为人生注入了更多的意义和活力。

幸福有助于身心健康。当我们感到幸福时，我们的大脑释放出多巴胺激素，这些激素能够为我们带来愉悦的情绪，减轻压力，降低焦虑和抑郁的风险，增强免疫系统功能，使我们更能抵抗疾病。幸福不仅是一种情感，更是一种积极的生活态度，常常和满足感、快乐、愉悦这些词息息相关。当我们感到幸福时，我们更加自信地看待自己，体验生活的乐趣，对自己充满信心，这种自信进一步促使我们采取积极的行动，使工作和学习的效率提高，个人的创造力增强。幸福有助于建立积极的人际关系，一个感觉幸福的人更愿意分享快乐、支持他人,从而与他人建立更深厚的友谊和亲密关系,更有社会责任感,更愿意为社会作出贡献,例如:参与志愿活动、慈善事业。因此,我们应该珍惜幸福,并努力创造更多幸福的机会,塑造积极的心态,提高生活质量,同时也为社会的进步和繁荣贡献一份力量。

幸福有利于推动社会进步。幸福不仅是个体的一种情感体验,更是社会进步和繁荣的动力之一。国家将人民幸福放在首位,当社会中的个体感到幸福时,我们更有动力和愿望去创造更好的社会,实现个人和集体的目标。我们更愿意投入时间和精力,以追求个人和事业的成功,这种积极的工作态度提高了生产力,推动了社会的经济增长。幸福的人更有创造力和创新精神,他们更愿意尝试新的方法和思维方式,改进现有的技术和解决社会问题,推动科学和技术的进步。幸福的个体更积极参与社会活动,他们更愿意行使自己的公民权利,提出问题并寻找解决方案,为社会的发展贡献一份力量,他们倾向于参与慈善事业和志愿活动,帮助那些需要帮助的人。他们愿意分享幸福,改善弱势群体的生活状况,推动社会公平,增进社会福祉。由此,达到一种国家与人民的双向奔赴,国家为人民的幸福生活谋发展,人民因为生活幸福而为国家发展努力奋斗。

四、如何收获幸福人生

幸福需要外在物质条件提供保障。个人的发展也是如此,一个人在物质方面得到满足,这是幸福的外在表现;一个人在精神上得到满足,这是幸福的内在表现。物质的富足能够给人们提供更多的机会和选择,让人们享受舒适和安逸的生活,改善人们的生活品质和条件,增强人们的安全感和舒适感,提高人们的幸福感。政府、社会组织和个体应共同创造更多幸福的机会,以推动社会的进步和改善人民的生活,努力创造公平的社会氛围,确保每个人都有机会追求幸福。中华人民共和国成立以来,在党的领导下历经70余年的发展,我国的居民生活水平明显提高,人民生活更加幸福美好，幼有所育、学有所教、病有所医、老有所养，从物质层面增强了人民的幸福感。当社会中的每个人都能够享受幸福时，整个社会将变得更加繁荣、和谐和有活力，提高幸福感。幸福不仅是个体的情感体验，更是社会进步和繁荣的动力，幸福的人更有动力工作、创新、参与社会事务，更能促进经济、科技、文化的发展。

幸福需要精神力量作为强大支撑。精神的富足可以让人拥有积极的心态和充实的生活体验，人们在思想、文化、信仰、情感等方面得到满足和提升，对美的欣赏、对真理的追求、对智慧的渴望就更加从容和坚定，这种富足可以带来深刻的幸福感，可以激发人们的内在动力和创造力，让人们更加充实和自由。社会主义核心价值观越来越深入人心，中华优秀传统文化和中国共产党精神得到进一步传承弘扬，人民的精神世界也进一步丰富，涌现出一大批感人事迹。华坪县民族中学女教师张桂梅，她扎根云南贫困山区40多年，推动创建了中国第一所免费女子高中，自2008年建校以来已帮助1600多位女孩圆梦大学校园，她们毕业后在各行各业努力工作回报社会。为了改善孩子们的生活、学习状况，她节衣缩食，每天的生活费不超过3元，省下的每一分钱都用在学生身上，张桂梅老师的精神财富是无穷的。

通过个人成长和自我价值实现来探寻幸福。通过不断学习、成长和追求个人目标，找寻生活的意义和目的。追寻自己的激情和兴趣，发展自己的技能和才能，可以带来满足感和自豪感，当我们感到自己在生活中有所贡献，实现了自己的梦想和目标时，幸福感会更加强烈。1835年马克思在中学毕业作文中写道："如果我们选择了最能为人类而工作的职业，那么，重担就不能把我们压倒，因为这是为大家作出的牺牲，那时我们所享受的就不是可怜的、有限的、自私的乐趣，我们的幸福将属于千百万人，我们的事业将悄然无声地存在下去，但是它会永远发挥作用，而面对我们的骨灰，高尚的人们将洒下热泪。"马克思终其一生都在为人类的幸福、为人类的解放而思考、探索，这样的一生才是有意义、幸福充实的一生。而立志"为中华之崛起而读书"的周总理也做到了为国家奉献一切,为自己热爱的事业奋斗一生。他们的一生都是不平凡的一生;他们的一生都是有深刻意义的一生;他们的一生也是幸福的一生。

正确认识自己是寻找幸福的关键。在这个快节奏、多变化的世界中,人们常常被外界的声音和压力左右,容易迷失自己。只有当我们真正了解自己,才能找到真正的幸福。诚实地审视自己,认识到自己的优势和劣势,就能更好地发挥自己的优势,努力改进自己的不足。这种积极的自我认知可以帮助我们在职业和个人生活中取得成功,从而增加幸福感。正确认识自己是自我接纳和自尊自重的基础,当我们能够接受自己,包括自己犯过的错误和不完美之处时,我们就能更好地建立自信。这种自信建立在对自己真实的认识上,使我们更愿意追求自己的梦想和目标,从而实现更大的幸福。正确认识自己也有助于我们找到属于自己的幸福路径。每个人的价值观和梦想不同,每个人对幸福的定义也不同,通过深入了解自己的兴趣和热情,我们可以找到符合自己内在需求的生活方式,使我们感到满足和幸福。让我们付诸努力,不断探索自己的内心,正确认识自己,追求更加充实、满足和幸福的生活。

健康是幸福的基石。没有健康,再多的物质财富都难以享受。健康是生命的先决条件,只有拥有了健康的身体,我们才能够去追求其他的幸福,去创造更多的价值。正如谚语所说:"有健康,就有希望。"只有在身体健康的情况下,我们才能够积极地投入工作、学习,去追求梦想,实现人生的价值。健康是事业成功的保障,事业的成功需要智慧和勤奋,更需要一个强健的体魄,健康的身体可以提供充沛的精力和坚韧的毅力,让我们能够积极应对困难和挑战,持之以恒地前进。一个健康的人在工作中能够更好地发挥自己的潜力,取得更出色的成绩,享受职业上的幸福。健康的成员能够更好地照顾和关心他人,为社会带来温馨和幸福;当身体不适时,会给个人带来精神上的压力,增加经济负担,降低生活质量。个人健康与国家的繁荣和社会的和谐密切相关,一个国家的繁荣与其公民的健康水平息息相关，健康的人口可以提高生产力，降低医疗支出，推动经济的发展。同时，健康的社会更容易实现社会公平与和谐，减少社会矛盾和不稳定因素。健康是人生幸福的基础，它影响着个体的生活质量、事业的成功、家庭的幸福，甚至国家的繁荣。因此，我们应该珍惜健康，积极地去保护和改善自己的身体，让健康成为我们幸福生活的坚实基石，也让社会更加美好和幸福。

奋斗是人生幸福的动力。人生是一段充满挑战和机遇的旅程，而奋斗则是驱使我们前行的强大动力。无论我们的目标是什么，都需要凭借坚韧的毅力和不懈的努力来实现。奋斗不仅让我们追求梦想，还赋予了我们生活的幸福感。奋斗让我们有了明确的目标和方向。人生如果没有明确的目标，就如同漂泊的船只失去了方向，容易迷失在茫茫的大海中。只有通过奋斗，我们才能明确自己的梦想和愿望，并为之努力。有了明确的目标，我们的生活才不会显得空虚和无助，因为我们知道自己为什么而努力。奋斗让我们获得成就感和满足感。在克服困难、战胜挑战的过程中，我们会不断积累经验，提升自己的能力，而这种成长和进步，会给自己带来无比的满足感和幸福感。正是这种满足感让我们感到自己的生活有了意义，有了价值。奋斗让我们每一天都充实而有动力。奋斗还能锻炼我们的意志力和坚韧性格。在追求目标的过程中，我们可能会遭遇挫折和失败，但正是这些挫折和失败锻炼了我们的意志力，让我们更加坚强。只有经历过风雨，才能见彩虹。奋斗的过程不仅让我们变得更强大，还培养了我们的忍耐力和耐心，这些优秀品质在生活中同样至关重要。奋斗带来的成果和回报也是人生幸福的一部分。无论是事业的成功，还是个人成就的达成，都会给我们带来满足感和幸福感，这些成果不仅是对自己的奖赏，也是对自己不懈奋斗的最好证明。奋斗是人生幸福的动力，它让我们拥有明确的目标，获得成就感和满足感，锻炼意志力和坚韧性格，最终带来美好的回报。因此，不管面临多大的困难和挑战，都应该保持奋斗的信念，坚持不懈地追求自己的梦想，因为只有通过奋斗，我们才能真正体验到人生的幸福和满足。

幸福是一个持续的过程。幸福不是一成不变的状态，而是一种持续的努力和选择。每个人都可以在自己的生活中找到幸福，关键在于我们如何定义它，并为之奋斗。找寻幸福，投入时间和精力来表达爱和关怀，建立互信和支持，与他人分享快乐和悲伤，与他们一同成长和经历人生的风风雨雨；感受幸福，应对生活中的挑战和困难，从中学到经验并继续前进，接受自己的不完美和过去的错误，学会宽容和感恩；获得幸福，在人生旅程中保持勇气、坚持不懈，并珍惜每一刻，在幸福的旅程中获得真正的满足。

第二章

幸福与青春

一、何为青春

"青春"一词,最早出自屈原的《楚辞·大招》。书中有言:"青春受谢,白日昭只。"意思是四季交替,春天降临,万物复苏,太阳是多么灿烂辉煌。在这里屈原将"青春"作为描述时间概念的形容词,"青春"指的是万物葱郁、青草茂盛之时。关于"青春"的解释有六种含义。第一种指春天,春季草木茂盛,其色青绿,故称为青春;第二种指青年时期,正所谓"劝君莫惜金缕衣,劝君惜取少年时";第三种指人的年龄,年岁"青春三十馀,众艺尽无如";第四种指美好的时光,珍贵的年华,正如"只要人心活着,青春总有来时"所指;第五种指一种酒,"陈君辖我饮青春,焦革贤闺酿绝伦";第六种指心理稚嫩到成熟的一个阶段。

而在这里,我更想将"青春"当作一个动词。孔子曾说:"吾十有五而志于学,三十而立,四十而不惑,五十而知天命,六十而耳顺,七十而从心所欲,不逾矩。"很多人将十五岁、三十岁、四十岁、五十岁这几个不同的年龄理解为人生不同阶段时间节点的标准,但在我看来,这不过是强调每个人通过自己的不断努力而在每个阶段需要达到一定目标的特定过程。青春本自青年，但不限于青年。年轻不再，但青春可以永存，青春是一种无关年龄的状态。

一百多年前，"五四"先驱们在那个风雨飘摇的年代，十分关注"青年"和"青春"的问题。1915年，《新青年》杂志的创刊号总结了何为"青春"：自由的而非奴隶的；进步的而非保守的；进取的而非退隐的；世界的而非锁国的；实利的而非虚文的；科学的而非想象的。他们想培育"新青年"，营造"青春"的社会，从而创建一个"青春"的中国。在"五四"新文化先驱们的影响下，此时的中国社会比以往任何时候都更关注"青年"，中国的"青年"比以往任何时候都更关注和贴近中国社会。

一言以蔽之，"青春"就是有理想、有志气、有活力、有热情，敢于奋斗、无惧无畏的人生状态。

青春是无畏，是少年英气。余秋雨在他的《文化苦旅》中曾说："不知天高地厚的少年英气是以尚未悟得历史定位为前提的，一旦悟得，英气也就消了大半。待到随着年岁渐趋稳定的人伦定位、语言定位、职业定位以及其他许多定位把人重重叠叠地包围住，最后只得像《金色池塘》里的那对夫妻，不再企望迁徙，听任蔓草湮路，这便是老。"

青春是奋斗，奋斗的定义就是青春的定义。奋斗是"长风破浪会有时，直挂云帆济沧海"的雄伟豪迈；奋斗是"山重水复疑无路，柳暗花明又一村"的曲折求索；奋斗是"天行健，君子以自强不息"的锐意进取；奋斗是"宝剑锋从磨砺出，梅花香自苦寒来"的厚积薄发；奋斗是"大鹏一日同风起，扶摇直上九万里"的壮志豪情。

二、青春之于人生

"青春"一词在人生具体的时间阶段上，指向青年时代。青春本自青年，但不限于青年。诗人帕斯捷尔纳克曾说过："青春时代是多么广阔无垠，这每个人都知道……在我们一生中，这一段岁月不过是一个局部，但这个局部却大于整体。"李大钊先生认为青年是国家和民族的希望，为国家富强、民族复兴而奋斗是青年的当然之责。他说："吾族青年所当信誓旦旦，以昭示于世者，不在龈龈辩证白首中国之不死，乃在汲汲孕育青春中国之再生。""凡以冲决历史之桎梏，涤荡历史之积秽，新造民族之生命，挽回民族之青春者，固莫不惟其青年是望矣。"因此，李大钊立足时代的需求，认为青年的时代即是奋斗的时代，"青年之文明，奋斗之文明也，与境遇奋斗，与时代奋斗，与经验奋斗。"冯友兰先生曾说："人对于宇宙人生，必先有某种觉解，然后他们所见所做底事，才对于他有某种意义。此种意义，使他有某种境界。"在李大钊的"青春人生"思想中，"青春"超越了生命阶段，而升华为一种精神境界。这种"青春"的精神，不仅就个人而言，而是指整个社会的"青春"；这种"青春"的精神，既指"老当益壮"的存在状态，也指向奋发有为的青春活力，在当时的社会状况下，更指向社会的革命力量。

"五四"运动源于青年，然而其本质却是青春。青春本自青年而又不限于青年，青春影响青年而又会向家庭、国家、民族、人类辐射传播。百年"五四"，百年青春。在"五四"运动100周年纪念大会上纪念的是"五四"青年，但更多的是纪念"五四"百年的青春历程。我们需要越过青年的现象，找到青春的本质。

把握青春。青春是无畏的，是勇敢的，把握青春意味着我们的未来有很多种可能，此时的我们是自由，是希望，是未经雕琢的美玉。我们去接受风雨，接受磨砺，最后成就自我。高尔基曾说："青春是一个普通的名称，它是幸福美好的，但它也充满着艰苦的磨练。"它如鲜花一样美丽、黄金一样珍贵；它凝聚着不竭的活力，它是热血浇铸的丰碑，是理想、信念、奋发向上的精神和无穷创造力所谱写的最美妙的交响乐章。

享受青春。"欲买桂花同载酒，终不似，少年游。"我们要以最热烈的青春，张开双臂拥抱世界，做每一件真正想做的事情，追而逐之，感受每一个美好的瞬间。"悟已往之不谏，知来者之可追。"只有享受青春、珍惜当下，同时保持热情向上的心态，热烈地去奋斗，热烈地去爱，热烈地去感受，才能拥有热烈的人生！

保持青春。永远保持积极向上的状态，意味着我们拥有深沉的意志，恢宏的想象和炙热的情感。从古至今，无畏的青年千千万万。雷锋曾说，"真正的青春，只属于那些永远力争上游的人，属于永远忘我劳动的人，属于永远谦虚的人。"一个人的青春与年龄无关，有的人只有18岁，人生就已经失去了意义；而有的人已经80岁了，还依然坚持探索世间的美好。无论是尚未成熟的少年，还是古稀之年的老人。只要有对美好未来的憧憬，对人生乐趣的寻觅，不屈不挠的斗志以及对新鲜事物的好奇心，那就可以说正值青春年华。

三、青春之于幸福

青春是一种幸福，是一种如同春天的百花般的绚丽的幸福。青春，酝酿着火一般的熊熊热情，激荡着瀚海般的滚滚浪潮，它拥抱着美丽，它孕育着活力，它充满着阳光，它弥漫着朝气。

有人问樊锦诗，人生的幸福在哪里？樊锦诗回答道："我觉得就在人的本性要求他所做的事情里。真正的幸福，就是在心灵召唤下，成为真正意义上的自我。从大漠中的无人区到世界瞩目的敦煌研究院，几代莫高窟人为保护、研究和弘扬敦煌石窟文化艺术，付出了青春和毕生的精力。对我来说，来到这个世界上，该做的事做了、该出的力出了，没有愧对祖先和前辈交给自己的事业，这就是最大的幸福。"关于人生的幸福，千人千语。一名大型国企的青年工人的对于幸福的感悟有些简单：虽然干着周而复始的工作，但是凭借自己的力量让家人有一份稳定的生活，还能略有积蓄，我感觉已经很幸福了。有一个年轻白领却这样诠释人生的幸福：幸福是灵魂的愉悦，是将一切美好经历转化为内心的美好的体验。只要心甘情愿地做自己的事就是幸福。追求人生的幸福，是每个人的权利和梦想。当下青年人的幸福，只有沿着党指引的方向，与时代的发展、国家和民族的命运紧紧联系在一起，遵从内心，矢志不渝，才能体会更多的快乐，收获满满的幸福。

因为拥有青春，我们每一天都站在新的起跑线上，迎接新的挑战；因为拥有青春，我们可以尽情放飞自己的梦想，并努力追寻；因为拥有青春，我们不怕失败，相信一切可以从头再来。

果戈里曾说过："青春之所以幸福，就因为它有前途。"这里的青春不是特定的时间阶段。保持青春的心态，人生就有无限可能。杜拉斯在80岁仍能笑称："我还年轻，青春正好，及时行乐！"拥有青春就是拥有敢做任何事情的勇气，拥有不怕失败不怕辛劳的坚韧。青春代表着梦想、拼搏、热情与对生活的向往，代表着更多的生活体验，代表着更多尝试新事物的机会，这些都是青春时光年轻人应该去做的事情。我们应该努力增加自己的阅历，开拓自己的眼界，对生活充满热情，追求一切美好的事物，学会在经历中思考人生的价值与意义，让自己的思想日渐成熟，为自己未来的人生打下良好的基础。

青春之所以幸福，是因为青春还有奋斗的机会和奋斗的勇气。人生因奋斗而精彩，青春因拼搏而亮丽。奋斗是青春最亮丽的底色。民族复兴的使命要靠奋斗来实现，人生理想的风帆要靠奋斗来扬起。每个青年都应该保持初生牛犊不怕虎、越是艰险越向前的刚健勇毅，勇立时代潮头，争做时代先锋，坚持艰苦奋斗，不贪图安逸，不惧怕困难，不怨天尤人，依靠勤劳和汗水开辟人生和事业前程。

幸福是青春在理想中的坚守。青春孕育无限希望，青年创造美好明天。我们要踔厉奋发、笃行不怠，在全面建设社会主义现代化国家、全面推进中华民族伟大复兴的壮阔征程中勇当先锋，用奋斗书写新时代的青春答卷。

生命的光彩需要绽放，人生的价值需要创造，青春的梦想需要奋斗。正值青春的我们拥有春天的朝气、夏天的热烈、秋天的成熟、冬天的坚强。梁启超说，少年之人如朝阳、如乳虎、如春前之草、如长江之初发源。我想说，腾飞吧，青春！向上吧，青年！须知青年之字典，无"困难"之字，青年之口头，无"障碍"之语；惟知跃进，惟知雄飞，惟知本其自由之精神，奇僻之思想，锐敏之直觉，活泼之生命。

哥白尼说过："青春应该是一头醒智的狮和一团智慧的火！醒智的狮，为理性的美而吼；智慧的火，为理想的美而燃。"青春是人生最美好的年华，充满了蓬勃向上的朝气；青春是成长最重要的时光，积蓄了奋发有为的激情。青年则是国家强大的坚实力量。立志奉献，坚定人生的理想信念；努力学习，不断夯实提升本领，这是一代代青年执着坚定的追求。

志存高远，坚定理想信念。"志不立，天下无可成之事。"明代思想家王阳明12岁立志学圣贤，即便被贬谪流放，历经坎坷，始终有伟大的志向支撑自己，最终创立"心学"，成就一番事业，对后世影响深远。青年树立远大志向对整个人生发展意义重大。立为国奉献、为民服务之志，坚定理想信念，做社会主义核心价值观的坚定信仰者，并在实践中考验、磨炼，把志向融入为人民谋幸福、为民族谋复兴的伟大事业中，做有利于人民的事，有益于国家的事，为实现中华民族伟大复兴的中国梦而奋斗。

勤学笃志，夯实干事本领。"非学无以广才，非志无以成学。"远大的志向得以最终实现，最重要的是学习。学习是贯穿一生的事情，是立身做人的永恒主题，也是实现人生理想的基础。青年是人生的黄金时期，在学习的过程中不断进步，感悟人生，提升思想境界，人生才能更加的充实和丰富。学习不光指狭隘的学习书本理论知识，同时也要向英雄学习，向群众学习，向榜样学习，争做堪当民族复兴重任的时代新人，在学习中持续强化自身知识，才能不断增强干事创业的本领，在实现中华民族伟大复兴的时代洪流中踔厉奋发、勇毅前行。

青春由磨砺而出彩，人生因奋斗而升华。当今青年生逢盛世，也肩负重任。奋斗，无疑应是青春最美丽的颜色，而奋斗者的姿态也永远年轻。青年人把奋斗作为自己人生的底色，让满载朝气和希望的人生尽情释放热情和冲劲，将人生理想同祖国的前途、民族的命运紧密联系在一起。用奋斗礼赞时代，去感知时代的脉搏；用拼搏定义未来，勇敢地面临时代的挑战。向梦想前行，方能不负韶华、不负时代、不负人民，成就踏实笃定的美好人生。

个人梦想与人生幸福息息相关。敢于追求理想，才能拥有梦想成真的喜悦。茫茫星球上，人之所以能成为"人"，很重要的是因为人会思考、有思想。在人类历史长河中，如果不仰望星空、没有理想引领，就没有个人的发展进步，就没有人类文明的演进升级。"理想是石，敲出星星之火；理想是火，点燃熄灭的灯；理想是灯，照亮夜行的路；理想是路，引你走到黎明。"理想是人生道路的风向标，有了理想，奋斗才有目标，人生才有航向。对于当代青年来说，理想是青春的美丽风采。当代青年要夯实自己的理想之基，滋润理想成长的土壤，让理想在行动中闪烁当代青年的亮光。"青年要在坚定理想信念上下功夫""追梦需要激情和理想""做到理想坚定，信念执着"因为理想是一个"总开关"，有了理想，奋斗才有目标；有了理想，人生才有航向，青春才有持久向上的力量。

青年理想与时代脉搏同频共振。一百多年前，梁启超在《少年中国说》中说道："少年强则中国强"。那时的中国，内忧外患，国家处于崩溃的边缘；一百年后，今天的中国早已不羸弱，但青年的使命尚未完成。青年的责任与担当，关乎着伟大复兴的中国梦，关乎着国运与未来。青年最富朝气、活力，敢闯敢拼，富有梦想。纵观世界发展史，有很多为人类发展做出突出贡献的人，无论是政治家、思想家还是科学家，其闻名世界的成果大都创作于青年时期。只有奋斗的人生才称得上是幸福的人生，实现中华民族伟大复兴的中国梦，需要一代又一代有志青年接续奋斗。青年大学生要以国家富强、人民幸福为己任，胸怀理想、志存高远，积极投身中国特色社会主义伟大实践，并为之奋斗终生。大学生党员要积极发挥模范带头作用，要坚持党性与个性的统一，自觉把个人理想融入社会理想，用无悔的奋斗书写多彩的青春梦、有担当的家国梦和民族复兴的"中国梦"。中国梦是全国各族人民的共同梦想，也是青年一代应该牢固树立的理想和信念。我们要保持奋进者的姿态，争当伟大理想的追梦人，争做伟大事业的生力军，让青春在实现中华民族伟大复兴的中国梦中绽放异彩。

四、以青春之名　为幸福而奋斗

青年一代要志存高远，勇担青春使命。我们都知道"有志者事竟成"这句名言，凡事都要先有个目标，然后才有动力朝着这个目标一步一步、脚踏实地地前进。我们青年人正处在朝气蓬勃、青春无畏的年纪，有足够的时间和精力去探索属于自己的道路，应当敢想敢做，不畏艰难，不怕犯错，即使前方的道路布满荆棘，我们也要有勇气跨过去，朝着远方继续前进。青年人要趁早树立远大的理想，拓宽眼界，朝着更大更高的目标努力奋斗。在我们党的历史上，革命的胜利正是靠一代又一代怀揣着崇高理想信念的共产党人前仆后继、视死如归地奋斗得来的，他们的精神值得我们每一个青年人学习。新时代，我们可能不会再面临战争，不会再面临艰苦的环境，但我们仍要志存高远，把个人的理想追求融入党和国家的事业之中，立志做大事，为党、为祖国、为人民贡献出自己的力量。

青年一代要脚踏实地，提振青春士气。"天下难事，必作于易；天下大事，必作于细。"面对挑战，面对机遇，青年人要迈稳步子，脚踏实地，不退缩、不冒进。"宝剑锋从磨砺出，梅花香自苦寒来"，艰苦环境是磨炼心性的机会，青年人要从小事做起，一步一个脚印，踏实前进，不好高骛远，不贪图安逸，吃苦在前、享受在后，要始终坚信现在吃的苦、流的汗将来终会收获回报。广大青年人要把脚踏实地和仰望星空结合起来，不能一味空想不实干，要在艰苦环境和挑战中磨练自己，同时把积极作为的责任与担当精神融入灵魂血脉，用汗水浇灌承诺，不断促进自身成长。

青年一代要勇于担当，彰显青春活力。作为青年干部，首先要在其位谋其事，将自己的本职工作做到最好，其次要有迎难而上、勇于挑战的责任意识，在关键时刻站得出来、豁得出去、干得成事，始终牢记民族复兴的伟大使命，扛起新时代青年的责任，努力成为人民群众的知心人、主心骨。当代青年面对的挑战很多，机遇也很多。当前疫情形势下，我们青年人也面临着前所未有的困难和挑战，要有"明知山有虎，偏向虎山行"的冲劲，更要有"千磨万击还坚劲，任尔东西南北风"的韧劲。新时代青年生逢盛世，拥有更大的舞台，更要用青春和汗水为祖国建设添砖加瓦，在新时代的赶考路上谱写青春华章。

时代各有不同，青春一脉相承。面对当前百年未有之大变局，当代青年面临着更大的挑战和风险，注定要肩负起"天将降大任于斯人"的使命。同时，青年们也正值最好的时代，有了更好的生活水平和更广阔的舞台施展才华，处处都是机遇，未来不可限量。我们每一位新时代的青年人，都应当接过前辈的接力棒，在实现中国梦、实现民族复兴的赛道上赛出自己的风采，谱写出属于我们这一代人的青春华章。

青年一代要用青春在拼搏中闪光。从成功挑战超高难度动作夺得冠军的 18 岁滑雪少女谷爱凌，到初战冬奥取得银牌的 17 岁小将苏翊鸣，再到短道速滑奋力拼搏摘得银牌的 21 岁"黑马"李文龙，北京冬奥赛场上，年轻选手以超越自我赢得喝彩，展现出了中国青年的青春风采。赛场外，年轻志愿者用热情和奉献提供暖心服务，让八方来客感到宾至如归。中国青年以自信从容、阳光向上、开放包容的精神面貌向世界递出了一张闪亮的青春名片。

青春用担当彰显使命。2022 年 4 月 21 日国务院新闻办公室发布的《新时代的中国青年》白皮书，是我国首次专门就青年群体发布白皮书，充分体现了国家对青年工作的高度重视、对青年群体的亲切关怀。青年"躺平"是极少数，不懈奋斗是大多数。青年人不该以佛系自居，萎靡颓废，而应该朝气蓬勃，书生意气，挥斥方遒。唯有壮志豪情在我胸，才能"乘风好去，长空万里，直下看山河。"这是一场中国青年与伟大时代的"双向奔赴"：新时代为广大青年提供了更优越的发展环境、更广阔的成长空间；广大青年努力拼搏、奋勇争先，为时代发展进步注入了强大的青春动力。

青春用理想点亮希望。在 100 多年前那个风雨如晦的年代，正是中国青年的觉醒，点燃了中华民族伟大复兴的希望之光。进入新时代，在国家事业取得历史性成就、发生历史性变革的进程中，总是能看见青春足迹和青春奉献。打赢脱贫攻坚战，多少大学毕业生担任脱贫地区基层干部；疫情防控第一线，多少青年医务工作者无畏逆行；航天事业勇攀高峰，多少年轻工程师辛勤耕耘、默默守护……把青春梦融入中国梦，为党和国家事业发展贡献智慧力量、展现青春担当。

时代造就青年，盛世成就青年。生逢盛世，青年既面临着难得的建功立业的人生际遇，也肩负着"天将降大任于斯人"的时代使命。对中国青年来说，今天，以生逢这个伟大时代为荣；明天，应该通过奋斗让时代以自己为荣。在奋斗中释放青春激情、追逐青春理想，让青春在为祖国、为民族、为人民、为人类的不懈奋斗中绽放绚丽之花，中国青年将以青春之我、奋斗之我，为民族复兴铺路架桥，为祖国建设添砖加瓦。

少年强则国强。作为推动社会发展的中流砥柱，无论在哪个时代，青年人都肩扛社会大任，而今，责任的大旗正向我们递来，我们应不负韶华，共同振兴国家。历史上，对青春年华的赞美从不缺乏，同时，有志的青年对同胞的呼应也从不缺乏。青年是国家的希望，新时代新青年必须进行锐意创新的探索。

有人青春远去，就一定有人风华正茂。风华正茂的中国青年们，在过去三年的战"疫"中，为我们展现了最好的模样。在危难时刻，作为战"疫"主力军们，主动担当，白衣执甲，毅然逆行。昨天还是父母眼中的孩子，今天已经成了担当社会重任的脊梁。我们记得说"我不能哭，我哭的话护目镜就花了，就干不了事情了"的22岁护士朱海秀，我们记得那个凭着执业证书沿路"闯"过多处卡点第一时间赶回武汉上班的99年护士梁顺。和他们一样的青年，在防疫战场和平凡生活中还有很多很多。"你退后，让我来！"生死关头，杜富国毫不犹豫地喊出这句话，最终他失去了双手双眼，也完成了从一名普通士兵到扫雷英雄的成长和蜕变；四川大凉山，年轻的英雄们为扑灭山林烈火献出了宝贵的生命。他们用牺牲和奉献诠释了危难时刻什么是"青春的担当"。曾经被说成是经不起摔打的一代的"90后""95后""00后"，时至今日，他们早已用勇敢、智慧、热血和赤子之心证明了自己，在最好的青春年华造就了最美的青春模样。

一代人有一代人的长征，一代人有一代人的担当。作为新时代青年，要鼓足干劲，砥砺前行，以饱满的精神状态担负起民族复兴之重任。

时代只会眷顾奋斗者、前进者，而不会等待懈怠者、犹豫者。担起新时代的使命，青年们，你们的奋斗有多雄奇，中国就有多美丽。

五、青春践行二十大　砥砺奋进新征程

新时代的新青年生逢华夏盛世，海晏河清；沐浴着党的光辉，灿烂温暖。吾辈青年与党的二十大在新时代新征程催人奋进的鼓点中欢喜相迎，享受着改革发展成果，也肩负着新的历史使命。吾辈青年自当认真学习领会党的二十大精神，怀赤子之心、立青云之志，承时代使命、谱青春华章。

加强党性锤炼以修心养德。对于青年而言，学习党的历史、传承党的优良传统和作风是锤炼党性的重要路径。作为一名新时代的新青年，就是要在学习党的二十大报告中主动领会报告中字里行间体现的习近平新时代中国特色社会主义思想的深刻内涵，积极感受马克思主义在新时代中国特色社会主义中迸发的思想伟力，深刻践行党的二十大精神对青年怀抱梦想又脚踏实地，敢想敢为又善作善成的使命感召，以高度的使命感和责任感增强"四个意识"、坚定"四个自信"、做到"两个维护"，将学习二十大精神的思想力转化为钻研学术、躬身实践的强大动能。

坚信人民至上以俯身耕耘。党的二十大报告指出，必须坚持人民至上。在新的赶考之路上，青年作为新的火种、新的因子、新的力量，要更加重视人民观点、人民路线，深刻认识"人民就是江山，江山就是人民"，与人民群众站在一起，深入人民群众之中，下基层、去一线、到现场，去获得直接经验、一手材料、新鲜故事，让调研报告沾泥土、冒热气、带露水，贴近群众，贴近实际，贴近学术本身。2023年中共中央办公厅印发了《关于在全党大兴调查研究的工作方案》，以此为契机，我们更应该把思政

教育与人民群众的所思所想所盼相结合，让学术更有人情味、更沾泥土气、更显新成色。

  坚持勇于担当并埋头奋斗。幸福美好的生活要靠我们一代又一代青年人去笃行不怠、挺膺担当。通过学习二十大精神，我们更应该清醒认识到我们身处世界百年未有之大变局，需要我们提振士气、担当有为，在钻研学术中闯关夺隘，在社会实践中勇挑重担，在时代潮头上勇立向前，让青春在全面建设社会主义现代化国家的火热实践中绽放绚丽之花。

第三章

幸福与读书

一、何为读书

读书,一个老生常谈的话题。宋真宗赵恒在《励学篇》中说,"书中自有黄金屋,书中自有颜如玉"。歌德说,读一本好书,就是和许多高尚的人谈话。读书对于幸福的重要意义不言而喻。那么,读书是什么呢?

何为读书?从字面意思来看,正如《礼记·文王世子》中提到:"秋学礼,执礼者诏之;冬读书,典书者诏之。""读书"就是阅读书籍、诵读书籍。而书籍,指的是他人已预先准备好的符号和文字,是人类各个领域经验教训的记录和承载。书籍通过符号和文字的记录,传播思想、记载历史、传承文化,在人类文明发展历程中,书籍是记录知识、表达思想、传播文化的重要介质。同时作为人与人沟通的重要工具,书籍具有重要的价值和意义,通过阅读书籍,不同时代、不同国家、不同地域、不同成长环境的人们可以进行信息交互、思想交融。这就是书的本质。而阅读书籍就是让自己与书籍上所记录的符号和文字进行对话,带着思辨性的思维去思考书上的内容,充盈自己内心、丰富自己阅历。

除了阅读书籍这层含义外,读书还有上学、学习功课这层含义。《明熹宗实录》卷四十二:"天启三年十二月(二十七日)壬子,荫总督宣大王国桢子之仲、登莱巡抚袁可立子枢、通政使吴用先子、河南巡抚冯嘉会子映鸾、太常寺卿桂有根子高攀各入监读书。"这里的"读书"指的就是上学、学习功课,就是学生在老师的指引下,学习书中所包含的知识、技能,提高个人认知的过程。

总的来说,不管是阅读书籍,还是上学、学习功课,读书从本质上来说就是一种获取知识的行为。读书,从书籍中学习自己未知的知识、探索自己未知的世界,从而达到丰富自身知识储备,提升自身境界的目的。

文字被称为最伟大的发明,有了文字,人类可以通过记录文字的方式进行交流互通。书籍作为文字和符号的承载,在人类文明发展史上起到了巨大的作用。不得不承认,对于个人来说,读书是成本最低、收获最大的投资。要想对人为何读书这个问题进行探讨,就要从书籍自身所蕴含的巨大能量谈起。

为自己而读书,通过有效的读书,获取知识,收获智慧。书中未必有黄金屋,但一定有更好的自己。求知为学,严济慈说过:"掌握运用乃是学习的最终目的",从而"把学到的知识在手中把玩,成为武器,运用自如,游刃有余"。人类的发展史,就是一部文明发展史,也是一部科学进步史。在当前这个知识经济时代,没有科学文化知识将寸步难行。拥有扎实的基础知识是做好学问、干好工作的前提,而掌握扎实牢固的基础知识离不开刻苦、认真、细致地读书。"书痴者文必工,艺痴者技必良",精读良书是获取知识、做好学问的必要途径。

为自己而读书,通过有效的读书,修心养性。读书就是一个让自己变得强大的过程,通过阅读,开阔心胸,摆脱自身的鄙俗和顽固,理解世界,发现世界的美好,感受幸福。《生活的艺术》中说道:"人一定要时时读书,不然便会鄙吝顽腐,顽见俗见生满身上,一个人的落伍,迂腐,就是不肯时时读书所致。"提升自我修养是读书的关键功能,借助读书保持内心世界的安宁,不断超越自我、塑造人格、修养心性便是修身成长的体现。

为自己而读书，通过有效的读书，可以达到对精神的刷新，扩大自己的知识储备、丰富自己的语言表达。三毛曾说："一个人读书多了，容颜自然改变，许多时候，自己可能以为许多看过的书籍都成过眼云烟，不复记忆，其实他们仍是潜在的。在气质里，在谈吐上，在胸襟的无涯。当然，也能显露在生活和文字中。"如此这般，才能在身处锦簇花团时心中浮现"留连戏蝶时时舞，自在娇莺恰恰啼"；在看到空中飞鸟时信手拈来"落霞与孤鹜齐飞，秋水共长天一色"；在看到硕果累累的柿子树时从容道出："柿叶翻红霜景秋，碧天如水倚红楼"；在思念家乡时脱口而出"唯有门前镜湖水，春风不改旧时波"；在感叹人生时脑海闪现"曾经沧海难为水，除却巫山不是云"。而不会在想要表达胸臆时出现"书到用时方恨少"的遗憾。

二、幸福需要读书

幸福的人生需要读书，读书能给人生带来幸福感。这就是幸福与读书之间的关系。二者相互配合，彼此成就。

世界上的每一个人都渴望得到幸福，但有许多人感到自己的人生不幸福，仔细想来不过是因为幸福需要智慧，而他们缺少感受幸福的智慧。归根结底，幸福的人生需要智慧，而读书是增智的最直接、最有效的途径。这里所提到的增智，不仅是扩充知识储备，提高自己的能力，给自己的幸福人生增加更多的筹码和可能性，还要通过读书增强自己的感知力，培养自己感受幸福的智慧与能力。

比幸福更重要的，就是感知幸福的智慧与能力，读书就是感知幸福最有效的途径。

有效地读书使人心明眼亮，在浩瀚的书海中泛舟，学习知识，积累经验，可以让人看问题更加敏锐，提升明辨是非的能力，带来内心平静的愉悦感。多读书能够让人更能懂得理解他人的想法，在书中我们总是感受他人的人生，了解他人的想法。这样当我们在现实生活中遇到不能理解的行为、思想时，往往可以理解他人，不做无意义的辩论，拥有更成熟冷静的处理手段，从而得到内心的释然。多读书能够让人保持内心的宁静，不再浮躁。现在的社会是一个人心浮躁的社会，浮躁让人遇事不冷静，多读书，比如哲学类的书，能够让人拥有从思想深处剖析自身乃至整个人类社会问题的能力，厘清事物的本质，掌握事物发展规律的能力，能使自己内心趋向平静。

有效地读书能够丰富人的精神世界。叔本华说："人生有两大苦：物质匮乏和精神空虚。"现在社会，对于大多数人而言物质匮乏早已谈不上，倒是内卷和焦虑充斥着整个社会。当内心精神丰富的时候，人其实不会感到真正的孤独，相反会有一种崇高的满足感。弗洛伊德说："精神健康的人，总是努力地工作及爱人，只要能做到这两件事，其他的事就没有什么困难。"而读书，是一种能够丰富我们的精神世界，让我们的思想、情感和灵魂得到升华的活动。明代的陈益祥说："流水之声可以养耳，青天绿草可以养目，观书绎理可以养心。""观书绎理可以养心"，就是说可以通过观书绎理使自己的心灵得到滋补和休息。因为，读书可以让心灵变得宽厚和柔软，让心灵获得快乐和舒畅，让心灵感悟愉悦和幸福。

读书不仅可以使人更敏锐地感知幸福，在读书的过程中，人们也可以收获幸福本身。

不同类型的书，如拨云见日的心灯把读者的心底照亮，满足读者内心的需求。读实用性图书，让我们了解规则、理解规则、了解规则形成背后的原理。论说类作品向我们传达知识，让我们接触到我们在经验中曾经学过或没学过的知识。我们带着问题阅读，通过阅读理论性的实用性图书，理解问题、解决问题，让我们更了解客观世界、更有判断力。读文学类作品，让我们荡漾在文学作品为我们编制的文字世界里，通过文字的多元组合，增加文章的丰富性和渲染力，作者将想要表达的思想和世界观镶嵌在书中的字里行间，让我们感受到文字的奇妙，感受作者想让我们感受的那些东西。读历史类书籍，倾听书中对于过往的描述，感受历史的厚重，分析不同的历史问题，总结经验教训，让我们有能力有勇气面对当前的世界。

在不同的人生阶段，读不同类型的书，满足人在不同阶段的追求和信仰，满足人对幸福的追求。在青年时，读古今中外的经典，名家大作、经史哲学，与伟大人物面对面地交流，感受伟人的思想伟力，提升思想和认知能力；读关于青春、关于成长的书籍，让心态保持平和、让内心充盈，督促自己自我努力、自我增值，实现人生梦想；读实用性书籍，增长知识，提升能力，促进自身的发展和进步。在中年时，阅读心理健康方面的书籍，保持心态平衡、减轻焦虑和抑郁情绪，提高生活质量，以一颗勇敢的心来面对在生活上、工作上的困难和磨难；阅读经典的文学作品，深入地思考人生、社会和历史，提升自己的文学素养和鉴赏能力；阅读生活类书籍，更加用心经营生活，在和美的生活中感受世界的美好。在老年时，读人生哲理类书籍，品味对生命的感悟；读故事类书籍，感受生活气息；读健康保健类书籍，增长保健知识。

三、读书中感悟幸福

在当前这个互联网高速发展的时代，人们花费大量时间上网、看电视、刷短视频，通过快速地浏览"享受"着"文化快餐"。书籍已经淡出大众的视野。但事实上，书中的魅力无限，文字能给人带来更为直接的慰藉。人民日报上有过这样一段话："读书，是通往幸福最好的路。阅读，其实也是一场场奇妙的旅行。给自己一点时间，静下心来读书，它会一点一滴地滋养你、改变你，将知识变成成长的动力和养分。无论是驱散迷茫，还是对抗平庸，生活的一切不解与疑惑，都能在书中找到答案。"一本好书就像是人生道路中的良师益友。在我们少年时，它教会我们知识，引导我们成长；在我们中年时，它为我们保驾护航，是我们内心宁静的"避风港"；在我们老年时，它是我们最温暖的慰藉。对于喜欢读书的人来说，读书是一种享受。徜徉在书海之中，感受着知识磅礴的力量，充分汲取书籍中的养分。正如苏轼那句著名的诗中所说"腹有诗书气自华"，常常读书的人心胸宽广、目光长远，气质高雅。从阅读者自身需求来看，在闲暇时读书，书籍可供消遣；在与人交往时读书，书籍可拓宽见识，积累谈资；在充盈自身时读书，书籍可增长才干。

读书，是门槛最低的幸福，是成本最低、收益最高的投资。爱读书的人往往能够深刻地感受幸福，在这个喧嚣浮躁的社会中，捧读一本好书，会让人忘却烦恼。沉浸在作者构建的新世界中，书中的一个个文字组成了小精灵，在你的脑海中欢呼雀跃，给你带来精神世界的愉悦，让你感到幸福。

好的书籍能够使人感受幸福。书籍教会了我们知识、教会了我们寻找宝藏的方法，让我们看到了智慧的力量，让我们在学海中获得无穷无尽的财富。在书籍中我们能感受到哲学家们睿智的思维和严密的逻辑；能感受到艺术大师高雅的情致和精妙的审美；能感受到文学大师卓越的才华和深邃的思想……在阅读书籍、收获知识的过程中，感受人生哲理，开阔眼界，接受人类优秀文化的熏陶。

好的书籍能够给人创造幸福。爱读书的人是世间的幸福人。从某种程度来看，一个人的一生只能走一条道路，只能经历自己所拥有的那一份欢乐和苦难。但爱读书的人却能拥有两个世界，一个是现实世界，另一个是作者为他所构造的那个更为绚烂、浩瀚的世界，而这第二个世界是只有爱读书的人才可以感受的。通过阅读，人们可以进入不同时空的他人的世界，在自己所感兴趣的世界中畅游，在无形中获得了超越有限生命的无限可能。通过阅读，人们可以从《论语》中学得智慧的思考，在《诗经》中感受诗辞的柔美和力量，在《史记》中感受历史的严肃与沉重，从马克思那里感悟哲学、学会辩证思维，从鲁迅先生那里学得批判精神，从歌德那里品味人生的睿智。

四、让读书成为幸福人生的一种常态

读书可以让人保持思想活力,让人得到智慧启发,让人滋养浩然之气。爱读书、读好书、善读书,把读书作为一种信仰、一种追求、一种爱好,一种健康的生活方式,做到"好"读"善"读。把读书养成一种习惯,让读书成为幸福人生中的一种常态。

让读书成为一种习惯。心理学家威廉詹姆士说:"播下一个行动,收获一种习惯,播下一种习惯,收获一种性格,播下一种性格,收获一种命运。"习惯由一个人行为的累积而定型,它决定人的性格,进而成为决定人生的重要因素。历史上有许多的成功人士、英雄豪杰都有爱读书的好习惯。一个人不读书,就如同用一条腿在成长的路上蹒跚而行。我国古代学者早就留下不少关于"痴迷而成才"的论断。诸如"好之不如痴之,不痴不成才""书痴者文必工,艺痴者技必良"等。这里所说的"痴迷",其实就是养成的习惯。相传,唐朝诗人李白开始也并不怎么习惯读书和创作,后来受到一位铁杵磨绣花针的老太婆的启发,才发愤养成痴读痴写的习惯,最终成为"诗仙"。足见养成读书习惯对于一个人的重要意义。

让读书成为一种信仰。信仰是什么?对于个人来说,信仰是精神的依托,是灵魂的归宿。信仰是生命中的灯塔,能给人指明前进的方向,让人们始终明确自己的道路,不至于半途迷失或误入歧途。对于国家和民族血言,信仰是不断发展、实现富强的不竭动力。为什么要使读书成为一种信仰?对于个人来说,读书能提高素质,改变命运;对于国家和民族而言,读书可传承文明,播撒科学。使读书成为一种信仰,就会把读书看作一种使命、把读书当作前进的动力,成为人终生不懈的奋斗目标和精神追求,自觉地将"需要我读"变为"我需要读",真信仰、真读书、真感悟、真提升。将读书变成一种信仰会使人更加自觉、扎实、高效地阅读,充实自己,创造属于自己的幸福人生。

让读书成为一种追求。"追求"一词,出自《楚辞·九章·惜往日》

中的"介子忠而立枯兮，文君寤而追求。"意指尽力寻找、探索。而让读书成为一种追求就是说要用积极的行动来践行阅读。正如但丁所说的："不能像走兽那样活着，应该追求知识和美德。"让读书成为一种追求，就要求我们主动阅读、认真阅读、享受阅读。同时，追求阅读要求我们追求阅读质量，而不是阅读速度。读好书、读经典的书、读高品质的书，反复读，认真读，见证自己的认知成长是一件幸福的事。

让读书成为一种爱好。爱好不同于习惯，指的是对某种事物具有浓厚的兴趣，喜爱某种事物。书籍是人们获取知识的重要介质，书籍中凝结了广大文人智士的智慧结晶。当读书成为一种爱好，就会从心底里觉得读书是一件美妙的事，就会期待读书。当读书成为一种爱好，读书就会使人感到快乐，就会成为一种自觉的习惯。很多时候读书不是能直接教会人什么道理，而是在心中种下一颗种子，在入世行路最恰到好处的时候生根发芽。

让读书成为一种健康的生活方式。选择将读书作为生活中必不可少的一部分，可以说既是理性的自觉选择，也是适应客观形势的需要。读书可治愚，益智；长见识，广思路；学技能，增本事。读史使人明智，读诗使人灵秀，数学使人深刻，伦理学使人庄重，逻辑修辞学使人善辩，凡有所学，皆成性格。读书可以是一种主观爱好，因为有兴趣，读书会感到愉悦，如饮佳酿，如沐春风，同时又能陶冶情操，开启心智，提高觉悟，广博见识。读书也是一种客观需要，可以获取知识，学习技能，增长才干，拓宽思路，从而胜任工作，从容迎接挑战，在激烈竞争中立于不败之地。也正因如此，高尔基曾说："扑在书上，就像饥饿的人扑在面包上一样"；郑成功慨然有感："养心莫若寡欲，至乐无如读书"；季羡林由衷赞叹天下第一好事还是读书。他们都把读书变成一种生活方式，乐此不疲，甘之如饴，因而大得裨益。

五、善于读书，擅读好书

胡适先生曾提出读书第一要"精"、第二要"博"。"精"就是要掌握好读书的方法,对好书要精读。"博"就是强调要把握好读书的"度",要博览群书。如何践行读书,更好地实现从读书中获取养分、感受幸福,需要我们对怎么读书和读什么书这两个重要的方面进行深入的思考。

(一) 怎么读书

古人云:"一日不读书,胸臆无佳想",读书对于个人的成长和发展具有重要的意义。但在日常的生活和学习中,经常会遇到"书到用时方恨少"的尴尬情景,而不会读书就是出现这种情况的重要原因。如果可以善用读书方法和技巧,做到"书尽其用",便可以少走许多弯路。常见的读书技巧有九种,每种不同的读书技巧的侧重点又不尽相同。

第一种,泛读。泛读,即广泛阅读,这种读书方法适用于学习一般常识,广泛涉猎各方面知识的情况。在当前这个"信息爆炸"的时代,面对浩瀚的书海,通过泛读的方式,迅速从海量的书籍中找到自己所感兴趣的、所需要的信息和知识,从而保证和提高学习的效率。同时,面对浩瀚的书海,不拘内容,不拘形式,广泛阅读,积少成多,可以不断开阔视野。

第二种,精读。不同于泛读粗略阅读的读书方式,精读要求读者以掌握阅读方法、发展阅读能力、理解文章内容、积累知识为目的进行精细深入的阅读。朱熹在《读书之要》中提出"熟读精思",就是要求在读书时要细读多思,对书中的内容反复琢磨、学习,彻底理解书中奥义,以便吸收书中精华,对于专业书籍、佳作名篇应采取这种阅读方法。只有精心阅读,仔细揣摩,才能越读越精,越读越透。

第三种,通读。意思是先将书中的内容全部浏览一遍。通读指的是拿过书来从第一页读到最后一页这样一个过程,这个过程说起来轻巧,可是一旦做起来却不是那么容易。例如,会出现将一本书从第一个字读到最后一个字,全部读完却没有什么收获的情况。因此在进行通读书籍时要注意阅读书籍的全部内容,包括前言后记、目录等,注重思考和标记以提高阅读的效果。

第四种，跳读。即跳跃式读书，百度百科上说跳读的意思是不依次序，跳跃章节读书。主要是抓住书中的核心，那些与主线内容没有什么关系的地方，或者一些不能理解的地方可以直接选择跳过。也就是说在进行阅读时，要有取有舍，跳跃前进，对于些不重要、不能理解的内容可以略去，只撷取书籍中的关键部分进行阅读。跳读这种阅读方法可以提高阅读速度，使阅读者更深刻地理解内容，提高阅读效率。舍弃非本质的东西，捕捉本质信息，形成新的思维流程。

第五种，速读。全称为快读阅读。与普通阅读不同的是，速读的视野宽度更宽，速读将被阅读的文字以组或行为单位进行整体阅读，以便阅读者在文章中迅速接收信息。即迅速地浏览一遍文章内容。这种方法只求速度，不求深度，对书中的内容有一个大概的印象就可以了。

第六种，略读。即读书的时候略观大意。只需要弄清楚书中的主要观点，也只需要大致了解文章的立意就可以了。而这种有系统进行的略读，是更高效更快速阅读一本书的关键，阅读者将注意力集中在文章的主要观点上。这种阅读方法可以充分利用阅读者的时间，快速记忆。

第七种，写读。即边读边写。需要动笔对书中的内容进行整理概括，写一些评价和摘要。俗话说的好，好记性不如烂笔头，将手和脑一起用起来可以事半功倍。

第八种，选读。即有针对性地对书籍进行筛选，从中选择一些适合自己的进行阅读。

第九种，再读。即重复地进行阅读。正所谓温故而知新、"书读百遍，其意自见"，将已经阅读过的书籍再读一遍，这样重复地阅读，对文章的印象也会更加深刻一些。

(二) 读什么书

古人云："开卷有益"，读书对于人生的意义不言而喻。但人生有涯，学海无涯，人的精力和时间是有限的，所以要在有限的精力和时间里选择更有意义和价值的书籍进行阅读。

读哲学类书籍，启发思考，辩证思维。"哲"字意为明白事理，"学"表示学科，所以哲学意为一门教会人们明白事理的学科。不同于医学、工科、经济这些在日常生活中活跃出现的学科，哲学这一学科往往饱受误解，很多人认为哲学是无用的学问，认为阅读哲学书籍毫无意义。但事实上，哲学是文明的精华，是时代精神的集中体现，被喻为科学通往现实的梯子。冯友兰先生在《中国哲学简史》中提出"哲学就是对于人生的有系统的反思思想。中外哲学的产生皆起源于疑问。"哲学对人生的意义不言而喻。哲学的核心是方法，通过阅读哲学书，可以培养人独立思考的能力。不同的哲学书中蕴含着不同哲学家的思想，通过阅读不同的哲学书，了解不同立场的哲学家的世界观、人生观和价值观，慢慢地构建自己的世界观，学会用哲学的思维分析现实世界的问题，逐步达到透过现象看本质的效果。同时，这也是培养自身独立思考的能力，不断提高自身辩证思维水平的过程。除此之外，通过阅读哲学书，可以开阔人的眼界、打开人的格局。哲学的研究对象是整个宇宙，是生命的总和。从整个宇宙的角度来看，一个人不过是宇宙间的一粒尘埃。将自身置于整个宇宙中来思考问题，视野和心智也会得到改善和扩大。哲学带给我们勇气，在生活的繁杂，学业的重负，工作的辛劳中留出一部分时间归还给自己，阅读哲学，学会思考，让自己有勇气去面对未知的历险和旅行。

读文学类书籍，洞明世事，陶冶情操。首先，与实用型书籍相比较，文学类书籍看似大而无当，不能直接提供物质财富，但对于人的身心发展大有裨益。文学作品源自生活，文学作家以现实为基础给我们构建了一个又一个世界，这些世界有着独特、奇妙的事件和观念，书中的有些事物可能是我们一辈子也没有机会遇见的。《红楼梦》第五回中有一副对联说到"世事洞明皆学问，人情练达即文章"，通过阅读文学作品可以了解他人的生活以及各种世俗琐事，从而达到洞明世事、人情练达的效果。其次，阅读文学书籍可以实现自省。阅读文学作品在实质上就是一个不断完善自我的过程。孟子在《万章章句下》中提到"知人论世"，意为主张在阅读文学作品时要把握作者本人的思想、经历等，故此我们在阅读文学作品时总会揣度作者文字所表达的内涵，并在其中找到自身的影子，同时自省这个行为是好是坏，好的行为就要继续保持，不好的行为需要加以改善。再如，在阅读一本普通的小说时，我们要读透一本书，就是要把整本书的叙事脉络梳理清楚，了解每位人物的性格、事件、起因、动机等，在阅读过程中我们会从故事情节、人物经历中吸取经验，完善自身。最后，经典的文学作品中蕴含着先贤的智慧和今人的心声。在阅读经典文学作品的过程中，我们的心胸会变得更加辽阔宽广、更加坚韧顽强，有利于充盈自身内心，陶冶情操，做到处事不惊，使自己时刻保持着内心世界的温煦宁静，以对抗外部世界的喧嚣和浮躁。

读历史类书籍，以史为鉴，使人明智。历史是一门非常重要的学科。古人云："不读书者鄙，不读史者鄙"，史学书是对一个国家、一个民族数千年记忆的承载和记录，是对人类社会发展史实的客观描述。《中国通史》中提到："读史明智，鉴往而知来"，正所谓历史的经验是值得注意的。读史学书，不要把史实当作故事来看，而要明白历史是真实发生过的事情，在发现问题、思考问题，在思考问题的过程中，学习经验增长智慧。名留青史者多为时代俊杰，其学问、才识、气度皆有可观之处，所作所为都是具有大智慧的，所以对现在和未来都具有一定的参考和借鉴意义。历史长河中的英雄豪杰，如颗颗璀璨的珍珠，闪耀着智慧的光芒。阅读史书，学习先贤人品及健全人格，比如爱国者看见霍去病、岳飞、文天祥的事迹，便觉得有了榜样，有了继续坚持的动力。读史可以使人明智，历史中的榜样人物、精神楷模给予我们勇气和力量，让我们可以"为往圣继绝学，为万世开太平"。

读心理学书籍，提高自我认知，促进人际交往。心理学是一门研究人类心理和行为的学科，涉及人类认知、情感、行为和人际关系等诸多方面，对人的生活、学习、工作、身体健康、思想发展等多个方面都具有重要作用。阅读心理学书籍对于个人的成长和发展具有重要的意义。读心理学的书可以帮助我们加深对自身的了解，了解自己的性格特点、行为模式和个性脾气，了解自己的情绪状态，以及如何更好地管理自己的情绪。通过这些知识的学习，我们可以更好地认识自己，掌握自己的生活。同时，将学到的心理知识运用到人际交往中，我们可以更好地理解他人的情感和行为，更好地处理人际关系。心理学除了有助于对心理现象和行为做出描述性的解释外，它还向我们指出了心理活动产生和发展变化的规律。因此，我们可以通过了解人类思维和行为的规律，更好地分析和处理问题，从而尽量消除生活交往中的不利因素、创设一些有利情境，引发自己和他人的积极行为，提高应对和解决问题的能力。除了可以提供情绪价值，阅读心理学的书籍还可以帮助我们更好地学习，通过了解自身学习的规律和技巧，我们可以更好地理解自己的学习方式和学习特点，更有针对性地制订学习计划，从而实现更好地学习，提高学习的效率和成绩。

读科技类书籍，开拓进取，追求卓越。人们总是习惯把科学和技术连在一起，统称为科学技术，简称科技。但科学、技术二者之间既有密切联系，又有重要区别。科学着重解决理论问题，技术着重解决实际问题。科学着重于发现自然界各物质间的关系，并发现其中的客观规律，建立相应理论将事实与现象联系起来；技术要解决的问题就是将科学的理论成果再应用到实际中去。科技研究过去、观察当前、探索未来，为人类社会的发展和进步提供不竭动力。放眼古今中外，人类社会的每一项进步，都伴随着科学技术的进步，科技创造的工具、机器构建了我们现代的生活。现代科技的突飞猛进，为社会生产力发展和人类的文明开辟了更为广阔的空间，有力地推动了经济和社会的发展。所以，阅读科技类书籍，掌握科学技术知识，是开拓进取，追求卓越的具体体现。人们应自觉主动地阅读、学习科技类书籍，掌握科学文化知识，并将科学文化知识转化为生产力，为经济社会发展提供强大的科技支撑。

读艺术类书籍，提升审美，净化心灵。艺术与人类幸福有着密切的关系。学习艺术、了解艺术，让学习者从本质上认识美，使学习者能够更自觉地按照美产生的规律来创造美、产生美、追求美。学习艺术能使人们树立正确的审美观。审美观是人们立足于审美的角度对客观事物进行带有主观性的判断和评价,它直接影响并指导着人们欣赏美和创造美的活动。因此,通过阅读艺术类书籍,掌握系统的美学知识,树立正确的审美观,确定正确的审美标准,养成正确的审美情趣,明辨美丑善恶,从而实现崇高的人生理想和人生价值。同时,学习艺术相关知识,有助于掌握审美活动规律,提高审美欣赏和审美创造的能力。

第四章

幸福与奋斗

每个人的一生都在向往和追求幸福生活，也在品尝和享受幸福生活。但是，向往和追求要有奋斗的切实行动来支撑，需要努力和汗水来浇灌，幸福不会从天而降，坐而论道不行，坐享其成更不可能。

要创造美好生活、得到幸福，必须不懈奋斗。幸福的真谛就在于奋斗。只有奋斗，才能创造更多更好的物质财富和精神财富，不断丰富幸福的内涵、提升幸福的层次；只有奋斗，才能不断增强成就感、尊严感、自豪感，在创造美好生活的过程中感受幸福。

"九层之台，起于累土。"只要朝着幸福的方向努力，秉持不懈奋斗的精神，前方的困难都会为之让路，幸福终会属于勇于奋斗的人。

一、奋斗是什么

奋斗在现代汉语词典解释为"奋力格斗或斗争，是为达到一定目的而努力干"，是为一个目标去战胜各种困难的过程。

奋斗的人生才是出彩的人生，奋斗的民族才会是幸福的民族。

奋斗是人们在创造自己美好未来的过程中，最能体现个性和智慧的表现形式之一，它代表着对未来的期许与执念，也彰显了自我实现的积极意义。马克思有一句名言:"在科学的大道上没有平坦的道路,只有那些不畏艰险勇敢攀登的人,才能最终到达光辉的顶点。"奋斗不仅能够为个人带来实际的回报和成就感,同时也有助于推动社会和国家的进步。然而,现实中并非所有人都能够拥有坚定的奋斗精神,因此我们需要认识到奋斗的价值与意义,并使其发扬光大,以实现个人的幸福生活并促进全社会的发展。

奋斗是一个过程。

奋斗是艰辛的、长期的、曲折的,奋斗的征程永无止境。越是面对困难和矛盾,就越要敢于拼搏,勇于挑战,激发出非凡的力量。唯有奋斗,我们的人生才可能获得幸福。

古今中外,就有许多通过奋斗成就幸福人生的生动事例。

西汉时期,有一个特别有学问的人,叫匡衡。匡衡小的时候家境贫寒,为了读书,他凿通了邻居文不识家的墙,借着偷来一缕烛光读书,终于感动了邻居文不识,在大家的帮助下,小匡衡学有所成。在汉元帝的时候,由大司马、车骑将军史高推荐,匡衡被封郎中,迁博士。

俄国杰出的化学家门捷列夫,一生从事化学研究,勤奋不息,硕果累累。由于生活清苦和过于用功,门捷列夫在大学时期身体累垮了,住进了医院。他偷偷地把书本、纸、笔带进病房,一天也没有停止过学习。到了晚年,他常常生病,视力衰退到半盲,双手颤抖到不能写字,但仍口授由秘书笔录编写自传,整理自己的著作。临终前三个星期,他还参与讨论了乘飞艇到北极探险的计划。门捷列夫就是以这样不断奋斗的精神,发现了元素周期律,发表了500多篇科学著作,其中包括篇幅达数千页的著作。

幸福永远是一个点,而奋斗和痛苦是一条线,只有走完那一条线才能到达那个点。比如爬山,从山脚往山顶攀登的过程其实是个痛苦的过程,因为会累,但爬到山顶看山下的风景时就会感觉到幸福。站在山顶,看到远处有更高的山,你是飞不过去的,一定要下山再上山,又经历一次痛苦的过程。中国两位喜欢登山的企业家都登上了珠穆朗玛峰,一位是王石,另一位是黄怒波。他们每次下山回来，都暗下决心这辈子再也不爬山了。但休息一段时间后，他们一定会再爬，他们征服的不是山头，而是自己。人来或者不来，山依然是一座山，山有自己的尊严，不需要人去征服。人为什么要征服山呢？其实征服的不是山，人是在征服自己，只有征服自己才会产生一种生而为人、生而为赢的自信和骄傲感。在这个过程里，我们蓦然回首，终于发现，奋斗让我们的生活充满生机，责任让我们的生命充满意义，压力让我们变得更加坚强，梦想让我们变得魅力无限。

毋庸讳言，奋斗是要吃苦的，也是很残酷的。但奋斗的果实是甘甜的。凭借自己的奋斗，创造自己的幸福，是每个人一生中不可或缺的永恒主题。在奋斗中寻找幸福、创造幸福，既是为我们自己，也是为整个社会寻找幸福、创造幸福。

奋斗永远在路上。屈原说过："路漫漫其修远兮，吾将上下而求索。"人生是一段旅途，没有所谓的终点。生命因奋斗而精彩，永远保持在路上的心态，人生就不虚此行。奋斗永不停息，永远在路上。

幸福是奋斗出来的，这句话，看似朴素平实，但却深刻并充满力量。只有奋斗的人生才称得上是幸福的人生。不管身在何处，身居何位，我们不能止步于此，必须持续发扬奋斗精神，才能让我们的人生，让我们的国家，始终处于一种幸福状态，才能让我们时刻体会幸福感。

回看中国的历史，中国共产党经过不懈的奋斗努力，化腐朽为神奇，取得了伟大的胜利，才走到了我们祖国繁荣昌盛的今天，我们已经从站起来到富起来再到强起来，这一切成绩，都是中国人民不断奋斗努力获得的，都是我们的骄傲，我们在欣喜的同时，更应该继续前行。

凡是过往，皆为序章。我们有理由为已经取得的历史性成就自豪，但我们不能躺在过去的功劳簿上沾沾自喜。只有在新的起点上继续前进，才能到达更加光辉的未来；只有在已取得成就的基础上继续奋斗，才能创造更大的成就。

二、奋斗是一种创造

新时代是奋斗者的时代，是青年用双手创造美好未来、创造美好生活的时代。放眼神州大地，一曲曲嘹亮激昂的奋斗者之歌正在唱响。在工厂车间，青年工人苦练本领、精益求精，让"中国制造""中国创造"走向世界；在田间地头，青年农民寒耕暑耘、精耕细作，努力把中国人的饭碗牢牢端在自己手中；在建筑工地，青年农民工不畏辛劳、夜以继日，用一砖一瓦筑造起一座座高楼大厦；在实验室里，青年科技工作者勇于创新、敢为人先，不断向科学技术更广和更深进军；在训练场上，青年健儿咬牙坚持、刻苦训练，让五星红旗在国际赛场高高飘扬……一个个努力奔跑、勇敢追梦的身影，生动展现了新时代中国青年顽强拼搏、向上向善的群体精神风貌。

"新时代中国青年要担负起时代责任，时代呼唤担当，民族振兴是青年的责任。"广西驻村干部黄文秀放弃城市的繁华，选择回乡帮助贫困人民脱贫，她用青春诠释了青年应担当起国家重任。2020年初，疫情全面暴发，医护人员紧急前往疫情前线，而这一群可爱的人大多数都是"90后""00后"，有些甚至刚满18岁，这群青年人用臂弯扛起疫情防控的责任重担。一代青年人有一代青年人的担当。在战争年代，不畏枪林弹雨，流血牺牲，是一种担当；在和平年代，以创新精神，竭尽才智，做好本职工作也是一种担当。青年人在青春年华中勇敢奋斗、敢想、敢为、敢担当，让青春在新时代的广阔天地中绽放。

我们本该如此，为自己所热爱的事物去努力、去奋斗，在岁月长河中留下美好的痕迹。幸福不会从天而降，梦想不会自动成真，要幸福就要奋斗。"一个时代有一个时代的主题，一代人有一代人的使命。"青年要保持永不懈怠的精神状态和一往无前的奋斗姿态，用双手创造幸福生活，用汗水成就美好未来。时代给了青年无尽奋斗的底气，青年用青春创造时代，在奋斗中创造幸福。

三、奋斗本身就是一种幸福

幸福都是奋斗出来的。幸福不是脱离现实世界的精神玄思，也不是坐享其成的既定存在，它是现实的创造，是实践的产物。奋斗是幸福的源泉、坚实基础和实现方式，幸福需要在奋斗中获得；幸福是奋斗的目的与结果，在奋斗中我们收获幸福。为幸福而奋斗，在奋斗中谋幸福，习近平总书记关于"奋斗幸福观"的重要论述，不仅是引导人们获取幸福的观念指引，也是帮助人们实现幸福的行动指南，站在新时代新的历史起点上，幸福的获得与达成需要我们在奋斗中去感受、去分享。

在奋斗中感受幸福。安于现状不是幸福，贪图享乐不是幸福，投机取巧也不是幸福。奋斗是幸福的，奋斗也是艰辛的、长期的、曲折的。奋斗者的幸福是经得起时间检验，受得了现实推敲的稳稳的幸福。我们只有在攻坚克难的不懈斗争中、在永不停歇的持续奋进中、在百折不挠的奋勇拼搏中，不驰于空想、不骛于虚声，通过一步一个脚印的艰苦奋斗方能领悟幸福的真谛，领略幸福的风采。

在奋斗中分享幸福。奋斗幸福观不仅是个人的幸福观，也是人民的幸福观，奋斗既是为了个人理想抱负的实现，也是为了国家的繁荣昌盛。

奋斗是一种积极向上的行动和精神，代表着对未来的期许和对自我实现的追求。只有拥有坚定的奋斗精神，才能够在现代社会中不断前进、不断提高，实现自我价值和社会价值的最大化。

我们应该重视并发扬奋斗精神，鼓励每一个人都能够拥有奋斗的精神，为人生的成功与幸福不断努力，为社会的进步与繁荣做出贡献。

幸福在于干事创业中的不懈奋斗。医生治愈病人感到幸福，教师培养学生成才感到幸福，农民收获庄稼感到幸福。由此看来，幸福并不遥远，幸福就在身边，在自己工作的岗位上，在自己从事的事业中。幸福完全靠艰苦的劳动和创造得来，幸福的享受也总是以劳动和创造为代价。勤劳是福。大凡勤劳的人都吃得苦、耐得烦，能在劳动中体验挥洒汗水的幸福快乐；懒惰的人只会坐享别人的劳动成果，让人觉得德行不好、能力不强，哪有幸福可言？

有人曾说："你只看到萤火虫身上闪烁着光芒，却没有看见它身后拼命扇动的翅膀。"很多时候，我们只羡慕他人成功的幸福，只惊羡花儿绽放时的万紫千红，可所有的成功与万紫千红背后，无不浸透着奋斗的汗水、无私的付出以及巨大的努力。因此，无论你有着怎样的梦想，无论你要实现什么样的梦想，都要刻苦地去努力。

奋斗，是一种人生境界，更是通向目标的唯一途径。实现梦想没有捷径，一个人要实现梦想，就要去奋斗，就要去努力。一分耕耘，一分收获。只有奋斗了，努力了，付出了，才可能有所收获。不奋斗，不努力，不付出，可能永远都没有回报。奋斗的人生就是在不屈服于命运、努力奋斗之中，改变自己的命运，成就自己的幸福人生。

奋斗是种子冲破泥土的冲劲，从而改变种子深困泥淖的命运；奋斗是流水冲击岩石的动力，从而改变流水入海的命运；奋斗是阳光洒满大地的精华，从而成就大地的五彩缤纷。只要我们敢于为理想奋斗、敢于为将来奋斗，也敢于屡败屡战，吸取经验与教训，赢得成功，我们的命运才会得到奇迹般的改变。

人生价值是个人一生中的所作所为对自我、他人和社会的生存与发展的积极意义和效用，包含自我价值和社会价值两个方面。高层次的幸福源于成就感和人生价值的实现，而成就感和人生价值的实现源于人的创造性劳动，故一个人的劳动越是具有创造性，对他人和社会所作的贡献越大，其人生价值越大，也就越能产生创造性的幸福体验。所以，果戈理说，"如果有一天，我能够对我们的公共利益有所贡献，我就会认为自己是世界上最幸福的人了。"所以幸福都是奋斗出来的，没有经过奋斗，自己拥有的幸福也会很快失去。只有通过奋斗实现自己的人生价值和社会价值才是幸福的人生。

四、在奋斗中成就幸福生活

"哪里有勇敢的创造,哪里才有幸福的留步;哪里有艰苦的奋斗,哪里才有幸福的永驻。"我们生活的这个世界正是由人的梦想创造出来的。因为有了飞行的梦想,才会有飞机翱翔长空;因为有了远航的梦想,才会有巨轮劈波斩浪;因为有了征服的梦想,人类才能站在珠峰之巅。有了梦想,就要动手实践,从奋斗中取得成功,收获幸福。

我们只有学会奋斗,让不利于我们奋进的消极思想消失,才会确保我们处理任何事情都以积极、主动、乐观的态度去思考和行动,促使事物朝有利的方向转化,使我们在逆境中更加坚定,在沉着中扭转不利因素;使我们在顺境中脱颖而出,从优秀的台阶迈向卓越。每个人都是一座山,世上最难攀越的山其实是自己。往上走,即便一小步,也是新高度。我们无论遇到什么困难,只要学会奋斗,就会发觉一切不是没有办法可以解决,只要战胜自己,就没有什么不能达到的。

奋斗是成功的前提,唯有奋斗,才能超越自我,才能改变我们的人生,改变我们的生活。大到国家的富强,小到个人的成功,无不需要建立在个人的奋斗之上。

不论是白手起家、纵横商海的巨贾;还是扎根百姓基层、跻身政要的官员;抑或是呕心沥血、凭研发成功的专家……无数发端自微末的成功者们,都在用自己的实际行动努力奋斗,书写着一个个感人至深的励志故事。可见,个人的奋斗对成功的实现、梦想的达成,起着决定性的作用。

我们生活在当今社会,各种事物都不断更新,我们只有保持那份奋斗精神,积极乐观地为成功奋斗,为未来奋斗,为梦想奋斗,我们的人生才不会白白流逝。唯有奋斗,方能成功;没有奋斗,就没有成功。

天道酬勤,没有人能随随便便成功。唯有在奋斗中屡败屡战,摔倒了爬起来再战的人,成功才会在终点迎接自己。我们只有抱着这种信念,为心目中的目标,积极行动起来,努力拼搏奋斗,方能超越平凡,迈向卓越。

幸福是斗争的结果，劳动的结晶。要真正使自己得到幸福，就必须为幸福而奋斗。

真正的幸福并不在于目标是否达到，而在于为达到目标所进行的奋斗之中。

五、确立人生奋斗目标

要奋斗，首先必须确立奋斗目标，只有寻找到真正能让自己快乐而有意义的目标，才是获得幸福的关键。

选择目标时，必须确定它符合自己的价值观、爱好，符合自己内心的愿望，而不是为了迎合他人的期待。"在追求有意义而又快乐的目标时，我们不再是消磨光阴，而是让时间闪闪发光。"通常在越感兴趣的事情里，人就越能发挥自己的天赋，越能做得持久。一个被不喜欢的工作所捆绑的人，他是找不到快乐的。

幸福来源于为事业的成功而奋斗，而事业成功的首要前提是确立奋斗目标，确立远大而实际的奋斗目标。远大的奋斗目标，是人的生命之光，是人的精神动力。

奋斗目标和幸福是紧密联系的。每个人毕生都会思考这样一个问题：人生的价值是什么？如何生活才是幸福？一个人只要树立了远大的奋斗目标，他就会把奋斗目标的实现视为自己人生的价值和幸福。

因此可以说，奋斗目标是对幸福的憧憬、向往和追求，幸福是奋斗目标的实现。奋斗目标的实现是令人神往的，是幸福的，而对奋斗目标的追求则能唤起人们的极大热忱，获得精神上的充实感，这本身也是一种幸福。

我们的青年要树立共产主义的崇高理想，在当前要树立实现中华民族伟大复兴的共同理想，就是因为这是符合社会发展规律、代表人民意志的正确理想。

六、用理想信念催生奋斗动力

理想信念是人的思想和行为的定向器，一旦确立就可以使人方向明确、精神振奋，即使前进的道路曲折、人生的境遇复杂，也能使人看到未来的希望和曙光。只有理想信念坚定的人，才能矢志不渝、百折不挠，不论风吹雨打，不怕艰难万险，坚定不移地为实现既定目标而奋斗。

长征是一次理想信念的伟大远征。英雄的红军纵横十余省，长驱两万五千里，同敌人进行了600余次战役战斗，跨越近百条江河，攀越40余座高山险峰，其中海拔4000米以上的雪山就有20余座，也穿越了被称为"死亡陷阱"的茫茫草地。红军用顽强的意志征服了人类生存极限，完成了看似不可能完成的伟大征程，创造了气吞山河的人间奇迹。他们用行动完美地诠释了"心中有信仰，脚下有力量"。

理想信念催生奋斗动力。一个人有了坚定的理想信念，才会以惊人的毅力和不懈的努力成就事业。无数杰出人物之所以能在平凡的岗位上做出不平凡的业绩，在极其困难的条件下创造奇迹，一个重要的原因就在于他们具有崇高坚定的理想信念，从而具有锲而不舍、披荆斩棘的动力。

作为新时代青年，我们应当重视理想信念的选择和确立，努力树立科学崇高的理想信念，使人生道路越走越宽广，使宝贵的人生富有价值。"感动中国"年度人物张桂梅扎根滇西贫困地区40多年，立志用教育扶贫，斩断贫困代际传递，帮助1600多名贫困山区的女学生圆梦大学，在教育助力脱贫攻坚中做出重要贡献。即使她身体不好，也一直坚守在岗位上，为孩子们的一生命运奋斗着、努力着，诠释着中国共产党的信念。

"不能胜寸心，安能胜苍穹。"只有坚定理想信念，筑牢信仰之基，才能经受得住各种考验，创造人生事业的辉煌。作为大学生，我们只有树立崇高的理想信念，才能激发起为民族复兴和人民幸福而发奋学习的强烈责任感与使命感，掌握建设祖国，服务人民的本领。

七、要有敢于奋斗的决心和勇气

苏格拉底说:"世界上最快乐的事,莫过于为理想而奋斗。"为梦想而奋斗拼搏的人,无疑是幸福的。但只有志存高远,脚踏实地并且努力付出汗水与劳动的人,才可能梦想成真。

一切皆有可能。不管是老人还是孩子,不管是贫穷还是富有,都应有自己的梦想,并为梦想而努力,在汗水中放飞梦想。就像清代诗人袁牧的诗作《苔》中所写:"白日不到处,青春恰自来。苔花如米小,也学牡丹开。"

"宝剑锋从磨砺出,梅花香自苦寒来。"如果你有梦想,就努力去实现吧!将梦想付诸行动,多一分努力,多一分付出,多一分汗水,就会多收获一分快乐,少留一分遗憾!

还记得儿时的梦想吗?有多少变成了现实?又有多少已遥不可及?这是多么可悲的事情,又有多少我们真正动手去做了?其实梦想是从把握现在开始逐渐实现的。有了目标就要着手行动,不要面对多姿多彩的想法而陶醉不已,不去努力为之奋斗,那梦想永远只是一个漂亮的肥皂泡,霎时精彩,却转瞬即逝。不要只是口头说说,也不要面对成功路上的艰难险阻而迟疑犹豫,更不要因为等待"最佳时机"而让沸腾的思想冷却下来,那样只能让我们失去一个精彩的今天,别总想着"明日复明日",那样你的明天永远不会到来。

中国特色社会主义新时代,实现中国式现代化需要守正创新、踔厉奋发的有为青年。广大有为青年肩负时代重任,更要有奋斗于新时代的洪流中的决心和勇气,在祖国需要的大江南北挥洒汗水、激扬青春,在党和人民最需要的时刻冲得出来、顶得上去,展现出自信自强、刚健有为的精神风貌,在祖国大好河山中绽放最夺目的青春之花。

八、奋斗,现在开始还不晚

我们时常会听到有人后悔,"如果当时我再努力一次就好了,可现在已经晚了""我们的好时候已经错过了，现在已经晚了""假如我还年轻，可现在已经晚了"……这些情绪的存在虽然情有可原，但与其这样感慨，不如抓紧时间开始行动，"临渊羡鱼，不如退而结网"，不要放弃希望，告诉自己：只要有决心改变，什么时候都不晚！

如果一个人要等着新一年才有新作为，那么他现在一定正在蹉跎岁月；如果寄望着明年才有好转机，那么他现在一定没有掌握时机。等待是消极的，不如现在就努力。谁把握机遇，谁就心想事成。

乔治·道森从小生活贫困，没有机会读书学习，以至于成家立业、生儿育女后仍然目不识丁。但他却经常极其认真地看着六个孩子写作业，并且尽量显得自己是看得懂的。他的儿子被派往战场打仗，发现总是母亲给他写信，从未见过父亲的家书，这才了解原来父亲根本不识字。乔治感到非常羞愧，于是，他在98岁那年毅然开始识字学习，102岁完成了自己的小说处女作，并创造了两项吉尼斯纪录：世界上年龄最大的小学生和世界最老的处女作作者。

即使我们已经不那么年轻，即使我们错过了很多该做的事，但是，真的晚了吗？不。任何时候都不晚。也许你30岁了还在犹豫不决，也许你40岁了还一事无成，也许你50岁了仍是一文不名，但只要你热情不减，目标明确，下定决心，朝着自己的理想奋斗不止，你就依然没有愧对自己的生命。

不要认为现在已经太迟，不要以任何借口苟安于现状，只要行动起来就不晚。最好现在就努力，无论什么时候，都应该日日努力，天天精进。

为了梦想而奋斗，什么时候开始都不晚。在为幸福奋斗的过程中，要培养和发扬脚踏实地、埋头苦干的精神。青年人渴望成才，想干出一番大事业，这种志向和理想值得赞赏，但是，它的实现需要付出艰巨的，有时甚至是毕生的努力。如果仅把成才的愿望停留在口头上，而不付诸辛勤的耕耘，最终只能是一事无成。

法国生物学家拉马克，青年时代见异思迁，这山望着那山高。当初幻想自学当个气象学家，很快又改变主意，决心当个金融家。与此同时，又迷上了拉小提琴，想成为一名音乐家。后来，别人劝他学医，他又想当医生。从16岁到24岁，由于他朝三暮四，未坚持在一门专业上下功夫，结果一事无成。最后，在法国启蒙思想家卢梭的引导和帮助下，拉马克才下定决心献身生物科学，开始了迈向事业成功的征途。他埋头苦干，潜心研究，花费整整11年功夫，写出了科学名著《法国植物志》。以后又花了35年时间，专心致志研究动物学。经过长期坚持不懈的努力，才成为近代世界著名的生物学家。

著名科学幻想作家凡尔纳靠一生的辛勤耕耘，给世人留下了104部共计700多万字的优秀科学幻想小说。他每天5点起床，一直写作到晚上8点，15小时的工作，中间很少休息。仅为了写作《月球探险记》，他就研读了数百册图书资料，摘记的卡片多达几万张。

中国共产党创始人之一的李大钊曾这样说："凡事都要脚踏实地去作，不驰于空想，不骛于虚声，而惟以求真的态度作踏实的工夫，以此态度求学，则真理可明，以此态度作事，则功业可就。"

古今中外的无数事实证明了一条真理：脚踏实地方能成大器，奋斗什么时候开始都不晚。

幸福就在身边，就在自己的岗位上，只要去奋斗，幸福永远伴随着你。正像一首诗里说的："哪里有勇敢的创造，哪里才有幸福的留步；哪里有艰苦的奋斗，哪里才有幸福的永驻。"

奋斗，现在开始还不晚。

九、撸起袖子加油干

斯蒂芬·威廉·霍金是英国剑桥大学著名的物理学家，现代伟大的物理学家之一，也是20世纪享有国际盛誉的伟人之一。他的一生充满了曲折，但他仍以顽强的斗志、乐观的精神、奋斗的态度面对生活，他以非凡的智慧影响着整个世界。

年仅 21 岁的霍金被诊断患有肌肉萎缩性侧索硬化症，但他一直坚强乐观地生活，仍然在物理学领域奋斗着。20 世纪 60 年代后期，霍金的身体状况逐渐恶化，走路都必须使用拐杖。由于霍金逐渐失去写字能力，他自己发明了一种替代的视觉性方法。他在脑里形成各种不同的心智图案与心智方程，他可以用这些心智元素来思考物理问题。霍金的思考过程，犹如莫扎特只凭借想象就写出一整部极具特色的交响乐曲。

霍金不愿向恶疾低头。他最喜欢被视为科学家，然后是科普作家，最重要的是，被视为正常人，他拥有与其他人相同的干劲、梦想与抱负。

霍金在去世前 10 天，提交了他的最后一份科学论文，为发现平行宇宙奠定了理论基础。这篇论文是他参与合著的论文《从永久膨胀中平稳退出》，旨在寻求"多元宇宙"理论的证据。

霍金在学术研究、大众科普、精神文化等方面持续影响着全世界的人。他说，人如果什么梦想都没有，就等于死亡。虽然他的活动被躯体病症所限制，但他的思想却遨游于星空。

2017 年元旦新闻联播播出之后，"撸起袖子加油干"的说法，在社交媒体上呈现"刷屏"态势。这句话道出了时代赋予我们这一代人的使命，代表了广大人民群众对国家美好未来的期许，代表了广大人民群众对国家美好的期许，也表达了我们这一代人对未来的承诺。撸起袖子加油干就是复兴伟业攻坚战的动员令。

撸起袖子加油干的实质是实干精神。无论是推进改革，还是实现中国梦；无论是脱贫攻坚，还是化解各种矛盾，都需要抓住时机，主动作为，都需要我们撸起袖子去干、甩开膀子去拼、迈开步子去闯。

撸起袖子加油干，是品质更是行动。光有想法是不行的，还要立足实践、付诸行动，在实践中锤炼品质，在实干中成就事业。

撸起袖子加油干，是时代赋予我们这一代人的使命，更是我们向未来作出的承诺。时代流行什么，往往体现着时代的精神，甚至是精气神。"撸起袖子加油干"既反映出中华民族走在伟大复兴路上的精神面貌，也将深刻地影响未来，在历史的长河中留下印迹，每个中国人都应该为实现中华民族伟大复兴的中国梦加油。

奋斗是青春最亮丽的底色，行动是青年最有效的磨砺。伟大事业召唤青年砥砺奋斗，伟大使命激发青年担当作为。广大青年要积极投身于中国特色社会主义伟大实践，自觉担当使命任务，让青春在祖国和人民最需要的地方绽放绚丽之花！

青春因磨砺而出彩，人生因奋斗而升华。作为当代大学生要主动担当作为，自觉把青春奋斗融入党和人民的事业中，始终听党话、跟党走、不负时代、不负韶华、不负党和人民的殷切期望，用青春作帆、以奋斗为桨，勇立潮头、奋勇搏击，就必定能用青春的智慧和汗水打拼出一个更加美好的中国！

第五章

幸福与爱国

一、何为爱国

爱国是什么？是在国家危急时刻，将全部家产捐献给国家军队，在濒死之前也要抓紧时间保卫国家，写了"人生自古谁无死，留取丹心照汗青"的文天祥；是将"精忠报国"四个字刻在自己的后背上，并终其一生努力践行之的岳飞。

爱国是什么？是黄继光，当同伴受伤时，用自己的身体去抵挡敌人的攻击，为战友们赢得胜利铺平道路；是赵一曼，她在面对日本人的时候，视死如归，强忍伤痛，始终坚持自己的原则和信念，直到牺牲那一刻仍在声讨日本入侵中国犯下的滔天罪行。

爱国是什么？是发明了中国的原子弹、氢弹，使中国的防卫自卫武器达到了世界一流水准的邓稼先；是解决了中国三大难题之一的三系法杂交水稻研究，解决了数亿人温饱问题的袁隆平；是主持建设了我国第一条属于自己的铁路——京张铁路的詹天佑。

爱国是什么？是84岁高龄，在疫情暴发的第一时间前往武汉支援，为疫情防控作出重要贡献的钟南山；是自己身患渐冻症但依然投身在新冠肺炎的救治中，为我们诠释生命有无限可能的张定宇；是长久的工作，导致胆囊炎发作，接受完手术又立马投入工作中的张伯礼；是负责研究生化武器的巾帼英雄，虽然才 54 岁，但已"玩毒" 29 年的陈薇院士……他们是抗疫路上的一盏明灯，是中国人民心中的定海神针。

爱国是什么？是奥运健儿们取得胜利，身披国旗，让国歌奏响在奥林匹克赛场上；是抗疫英雄冲在前线，与死亡作斗争，让一个个鲜活的生命活下去；是戍边战士不惧风雪，守卫祖国的每一寸土地。

爱国是爱我们的祖国，是爱生我们养我们的这块土地还有这块土地上的人民，是爱这块土地上的风土人情还有优秀的文化和传统，是爱这块土地上的文明与希望、包容与友爱，是爱这块土地上的山川河流还有河流中自由的鱼儿，是爱这块土地上的大草原还有草原上盛开的野花，是爱这块土地上袅袅升起的炊烟还有记忆中妈妈的味道。爱国是一种最为朴素的情感，没有修饰，没有虚伪，没有条件，没有功利；它是一种发自人们内心深处最深沉，最真挚的爱，这种爱往往值得人们用生命去维护。

"清澈的爱，只为中国。"这是陈祥榕 18 岁时在生命中留下的一段动人的誓言。这位"00 后"的新兵，在他的心目中祖国的领土主权高于一切。他守卫着边陲之地，宁可自己流血牺牲，也不愿意让国家失去一寸领土，最终把自己的爱国灵魂永远地留在了边境。而他心底那份高洁无上的"清澈"，则是他无比的坚韧、勇毅的担当，和那一份"为了党、为了人民甘愿奉献一切"的赤胆忠心。

还有很多"可爱"的人，他们不怕苦不怕累，不怕牺牲，他们用付出证明了他们的责任，历史与人民永远不会忘记他们。以孔繁森为代表的一批又一批的援藏人员，从四面八方奔赴边疆，在艰苦的条件下，依然取得了令人惊叹的成绩；青藏铁路的建设者们，立下了"傲视昆仑，问鼎天涯，青藏高原铁龙"的誓言，在寒冷的冬天，在暴风雪中，在氧气不足的情况下，成功地铺设了一条新的线路，就是这样一批又一批的援藏工人，在边疆高原上辛勤工作，才使得西藏在短短几十年内，跨越了数千年的发展。

楚国灭亡后，屈原投江而死；陆游临死前仍欲北征中原，重振宋室；林则徐虎门销烟，救国于危难之际；黄大年淡泊名利，为国尽忠。不管是岳飞，还是戚继光，亦或是邓世昌，他们不惧生死，也要为国效力；虽在和平年代，也不忘忧患意识的杨业功，这些耀眼的名字，都彰显着为国为民的气概，凝结着团结一致、勇往直前的力量。

爱国是世界上最深刻、最恒久的情感，是无私奉献、敢于牺牲的精神力量。热爱祖国，忠于祖国，不做有损国家和人民利益的事，为国家的繁荣富强贡献自己毕生力量。

爱国不是跟风，不是潮流，它是一种内心坚守的责任，是爱的最高境界的诠释。

二、爱国对于人生的意义

新时代如沐春风，青年的理想融于中国梦，与时代同步，与人民同心，中国梦是新时代爱国主义的鲜明主题。爱国主义源自爱国爱党爱社会主义、凝聚于维护祖国统一和民族团结、坚守于尊重和传承中华民族历史文化、坚持立足中国又面向世界，在前行中诠释自己的生命价值。在新的道路上，推进中国式现代化，必然会遇到各种可预见或不可预见的风险挑战，甚至是惊涛骇浪，越是在这种时候，越需要广大青年坚定理想信念，奋进争先。

如今，时时为祖国着想，事事为人民着想，将爱国精神转化为为祖国服务的行动，仍是中国青年在新时代应该坚持的一种价值理念。

回顾陆元九的百年人生路，年少时目睹民族生死存亡，青年时励志留洋学成归来、科技报国，穷尽毕生精力在中国乃至世界航天领域擎起一面旗帜，这既是个人奋斗创业、爱国报国的非凡经历，也是中国航天事业从无到有、自立自强的辉煌历史。

在抗日战争胜利之际，陆元九在美国麻省理工大学航空科学专业获得了硕士学位。在新中国建立之初，他就以优异的成绩获得了国际首个"惯性领航"博士学位。那时中美两国尚未建交，美国方面不准他回国，因为他从事的是美国最高机密的科研工作，美国方面强制他办理永久绿卡，拒绝了他的回国申请。后来，经过重重困难陆九元终于踏上归国的路。回国后，陆元九被分配到中国科学院工作。他以惯性技术专长参与中科院组织开展的探空火箭的设计与研制。他将"七一勋章"视作全体航天工作者的荣誉："希望新一代的科技工作者们不忘初心、牢记使命，砥砺前行、科技报国，把人生最宝贵的年华奉献给我们伟大的国家和民族。"

时至今日，后来者已接过了中国航天事业的接力棒，踏上了为国为民奉献的征途，陆元九也将自己最美好的时光献给了祖国，成就了自己最绚烂的人生。

景海鹏是中华民族目前唯一一名四次飞天的航天人。为圆飞天梦，这些年景海鹏晚上12点前几乎没有休息过。第一次，随着神舟七号的发射，景海鹏、刘伯明、翟志刚三人一同登上了太空。他们共同努力，成功完成了我们国家的第一次太空出舱任务。"即使我们回不去，也一定要让五星红旗在太空高高飘扬"的铮铮誓言至今仍让我们动容。

神舟九号航天器将实现国内第一次手控式交会对接，每名航天员都要熟练掌握。训练之余，景海鹏经常为自己"加码"，到任务考核前，他已经在模拟器练习了2000多次，是规定训练次数、时间的两倍。第二次景海鹏担任指挥，他和他的航天员战友刘旺、刘洋一起乘坐"神舟九号"载人航天器，顺利上天，完成了我国首次的载人航天交会对接。景海鹏第三次执行飞天任务时，带着陈冬一起在轨飞行了33天，首次实现了中国航天员中期在轨驻留。在太空中，他既要做好航天器的"驾驶员"，又要做好航天器的科研工作者，积极参加航天器的系统设计、产品开发和技术研究，圆满地完成了一百多次航天器实验，并对其进行了数百次的改进。景海鹏与陈冬两人反复琢磨、反复试验，最终成功地做到了在太空中跑步，这也为今后宇航员在空间站里长时间工作，加强身体锻炼，有效预防太空运动症提供了宝贵的经验。

第四次，景海鹏入选神舟十六号飞行组指令长。每次训练，他拿到操作指南后，都要求乘组独立完成整个操作流程后再进行总结和讲解。他还带领乘组对空间科学试验、航天员出舱活动、空间站维护维修、长期飞行健康防护，特别是应急与故障处置都进行了精心、精细、精准准备。经过一年的朝夕相处，景海鹏和两名年轻队友非常默契，一个表情、动作和眼神，彼此都能心领神会。景海鹏说："我们有决心、有信心、有能力坚决完成任务，用我们的双手把所有科学家的心血和汗水、智慧和梦想变成现实。"

景海鹏等航天人的成就，不仅是全体航天人的荣耀，更是亿万中国人民的荣耀。他们的人生是幸福的，因为爱国的情感很纯粹。

诚然只有将个人的理想与中国梦相结合，与时代同行，与人民共命运，才能在新的道路上，更好地实现自己的人生价值。人生的华彩与幸福源于国家的发展与强大。做一个有温度的爱国者，生命才会有深度及广度，幸福才会有灵魂深处最真实的触动。

三、爱国与幸福的关系

中华民族是一个命运共同体，一个强盛的中国，是每一个中国人最坚实的后盾，国家富强是每一个中国人的共同愿望。个人成败与国家、民族的兴衰息息相关。唯有国力强盛，个人的自由和幸福才能得到保障。离开国家，幸福无从谈起，无处安放。我们要把爱国写在生命里，融进血液中。

家是最小国，国是千万家。国家和家庭，社会和个人，是紧密联系在一起的。

先有国才有家，无国不成家。国兴了，我们就会幸福了。国家的繁荣，民族的复兴，人民的幸福，这不是一个虚无缥缈的概念，它最终要体现在千万个家庭的幸福中，体现在数十亿人的生活中。每个家庭的幸福梦想都汇聚在实现中国梦的过程中，中国梦的实现是我们获得幸福最可靠的保障。要想在整个社会中弘扬家国情怀，就必须要弘扬爱国主义精神，倡导爱国爱家。每一个人，每一个家庭，都要为中华民族这个大家庭做出自己的贡献。在爱国的践行中体验幸福的情怀。

为中国人民谋幸福，为中华民族谋复兴，这是中国共产党人的初心使命，我们要坚定不移地践行这一执政理念，一切出发点为了人民，一切归宿也是为了人民。党的二十大报告强调："江山就是人民，人民就是江山。中国共产党领导人民打江山、守江山，守的是人民的心。"

只有国家富强了民族才能振兴，民族振兴了尊严才能拥有，人民才能获得幸福的生活。

四、如何从爱国中获得幸福

幸福是人类社会的一个永恒主题，无论社会如何变迁，无论人们的观念如何更新变化，人们对幸福的向往和追求从未停止。什么是幸福？我想每个人对幸福的理解都不一样。但幸福肯定是一种感觉和体验，并且是正面的积极的。积极心理学之父马丁·塞利格曼教授说："真正的幸福不是目的，而是一种持续的战斗力"。

以陈炳富先生为代表的南开管理人，以敢想、敢为、敢担当的姿态，筚路蓝缕，脚踏实地，造就人才，服务社会。新时代呼唤企业家精神，南开商科定当以教育"允公允能的管理精英"为己任，为推动社会创新、公司发展、社会发展、社会进步，在商业科学领域弘扬"大公"精神、爱国南开精神。这种精神开阔的幸福不会因为一时得失、一事挫折而低迷。当我们的幸福与更多的人连结在一起，幸福也会成倍地增长，这种幸福感有着神奇的张力，会将遇到它的人网罗其中，共同的坚定信念会让人无往不胜。

为人之师，必以天下之贤，以教之。南开的一字一句的历史，南开人的敬业精神，得以不断传承，是一种莫大的幸运。离开了流血牺牲、生死考验的场景，离开了神州陆沉、生死存亡的大背景，我们生活在一个快乐的新时代，我们更有理由一起去拥抱更宽广更伟大的幸福。

张桂梅说道："我这辈子的价值，我救了一代人。不管是多还是少，毕竟她们后边走得比我好，比我幸福就足够了。"

"我生来就是高山而非溪流，我欲于群峰之巅俯视平庸的沟壑。我生来就是人杰而非草芥，我站在伟人之肩藐视卑微的懦夫！"这是华坪女高的誓词。在这份誓词的后面，有大山里的姑娘们永不言败的执着，也有张桂梅一生一世为国献身的执着。尽管她的身体有很多毛病，但信念一直支撑着她，因为在她心里，用自己的生命去改变孩子们的命运，这份付出，在这个世界上是值得的。"春蚕到死丝方尽，蜡炬成灰泪始干"，张桂梅用自己的生命来诠释"让一个女孩子接受更高的教育，可以改变三代人的生活"这句话。

老英雄张富清24岁时，国家处于危难时刻，他决定在战场上实现自己的人生价值；31岁时他选择带领全家"过苦日子"，奔赴偏远异乡，投身社会主义建设；无论生活艰难还是顺利，他都选择坦然面对，将他过往的英雄事迹埋藏于心，不邀功不自傲。六十余年隐世不出，终其一生不忘初心。他默默无闻、甘于奉献，用实际行动树立起共产党人的精神标杆。

镭的发明者居里夫人，她献身于科学事业，不为金钱，不为荣耀。她将自己获得的两个诺贝尔奖的大部分奖金，都用来做科研和捐赠给穷苦的学生以及帮助她身边有需要的朋友们，她将自己的研究成果公之于世，甚至连能够获得巨额利润的专利都不要。面对社会赋予她的种种荣耀，居里夫人只强调"在科学上，我们应该注意事，不应该注意人。"她把个人的事业和梦想奉献给了全世界，这是何等的高尚与无私。她没日没夜地做研究，不是为了用劳动换取荣誉和名利，而是为了让自己的灵魂得到升华。

郭明义是个普通的共产党员。他没有显赫的权势，也没有丰厚的家产，但是他却有着常人无法比拟的"财富"：55次义务献血，140张汇款单，180名复学儿童，200份感谢信，彰显人间大爱。直面他人的不解，郭明义说："有人觉得存款多、房子大是财富。可我觉得物质财富，只供个人享受，不算真正的幸福；如果用来帮助困难群众，大家分享，就会带给更多人幸福。"简简单单的几句话，充分体现了郭明义作为一个共产党员的简单"幸福观"，即以人民为中心，以人民的幸福为己任。在郭明义的身上，我们可以看出雷锋精神在新时代的闪耀。

虽然身份尊贵，身家丰厚，但是杨善洲却始终没把钱财和权力当成自己最重要的东西，他始终把平淡生活当成幸福的源泉，他始终都是一个简单而又朴素的人。当他还是领导时，就经常下乡，为乡村找出问题，进行分析，并采取一些切实可行、行之有效的办法来提高村民们的生活质量，得到了广大群众的拥护，人们都把他称为"草帽书记"和"草鞋书记"。从进入施甸县的大亮山开始，为了植树造林，他就日出而作，日入而息，住在茅屋里，四面透风，为全国人民种了22年树。在生命的最后关头，他把一片价值3亿多元的林场经营管理权无偿交给国家，自己分文不取。杨善洲并没有说出什么豪言壮语，他只是坚定了自己的信仰，坚守了自己要做一名忠诚的共产党员的初心。在一生的坚守中，他成为一位幸福的人，一位让百姓永远铭记在心的人。

"杨善洲，杨善洲，老牛拉车不回头，当官一场手空空；退休又钻山沟沟，二十多年绿荒山，拼了老命建林场，创造资产几个亿，分文不取乐悠悠……"这是一首在滇西地区保山市施甸县广为流传的歌谣，也是一座老百姓为杨善洲竖立起来的不朽的丰碑。

郭明义和杨善洲作为一名共产党员，他们并没有做出什么惊天动地的大事，但是他们独特的"幸福观"，让他们绽放出了令人感动的光芒。

全心全意为人民服务是党的根本宗旨。身为一名共产党员，应该把郭明义和杨善洲当作自己生活的灯塔，找准自己的前进方向，把"甘于奉献"当作自己的奋斗目标。任何时候都不忘共产党员的政治本色。真正的幸福源于大爱，根植于爱国情怀的幸福才能永恒。唯有在奋斗和奉献中享受到的快乐和幸福才是最纯粹的。幸福是人性中彰显的最厚重也是最灿烂的部分，是镶嵌于爱国情怀中最柔软最温暖的存在。

要在为国为民、爱国中享受和体验幸福。

五、如何践行爱国

何为爱国？是岳飞"待从头，收拾旧山河，朝天阙"的豪情；是文天祥"人生自古谁无死，留取丹心照汗青"的崇高信念；更是今朝国家复兴强大担当者们的负重前行。

爱国是人一生都必须铭记的。主动为国担当、为国分忧是每一个国人应有的情怀。

每一个人都必须对国家、对民族怀有一种崇高的使命感和责任感，力求将个人的发展与国家的繁荣、民族的兴旺、人民的幸福联系在一起，积极地为国家担当，为国家分忧。

福耀玻璃是中国汽车玻璃领域唯一的"中国驰名商标"，由曹旺德一手创建，如今已经是市值高达800多亿的上市公司。创始人曹旺德是一位知行合一的企业家，他以人格做事，呼吁中国商人学习爱国精神。从1983年第一次捐款到2022年，曹旺德已经累计捐款135亿元。从洪灾，到汶川地震、玉树地震，再到如今的新冠疫情，每一次国家发生危难的时候，都能看见他的身影，他无愧于"人民企业家"这个称号。

白象是一家国产方便面制造企业，这样一家存在感不是很强的企业，却是很多大企业爱国的楷模。多年前，白象在运作艰难时期，毅然决然拒绝了日本资本的收购，哪怕遭遇资本的围剿，在市场份额很低的情况下，仍然雇佣了三分之一的残疾员工，敢问这样的企业有几家？在经营不善的情况下，汶川地震、新冠疫情、河南水灾……白象每一次都慷慨解囊，低调助力公益。十多年来，白象食品集团已累计投入各项公益资金五千多万元，践行着爱国企业的高度社会责任感。

一家"濒临破产"的企业，在河南发生洪灾的情况下，毅然决然选择捐款5000万元，这也是国内非常有家国情怀的企业之一。鸿星尔克的爱国行为，赢得大众的认可，大家纷纷进入鸿星尔克专卖店扫货，这就是人民对爱国企业的回报。

新时期中国青年要听党话，感党恩，跟党走，带着一颗忧国忧民、爱国爱民的心，为祖国为人民服务，用一生的信仰和一生的奋斗践行爱国情怀，诠释幸福真谛。

中国梦的实现，充满着坎坷和艰辛，但在这条道路上，却有无数的践行者，始终坚守着自己的信念。比如"愚公"毛相林，他在偏远山区坚守了43年，以最原始的方法，在山崖上开凿了一条"绝壁天路"。从毛相林的奋斗中，我们可以看出他是一位伟大的"时代逆行者"。

在时代的变迁中，奋斗的身影永远不会改变，在历史的坐标上，奋斗的脚印永远清晰。身为一个胸怀大志的年轻人，我们必须继承艰苦奋斗的精神和传统，志存高远，为实现中华民族伟大复兴的中国梦而奋斗。

核物理学家、中国氢弹之父、中国科学院院士于敏。因国家需要隐姓埋名28年，鞠躬尽瘁，死而后已。一生默默付出，不忘国家培养。对自己的祖国忠心耿耿，不畏艰险，不遗余力地为祖国奠定了强大的国防基石，为人民铺就了幸福之路。二十八年潜心研究，无论多么艰难，他都没有后退过一步。祖国才是他心中最真挚的呼喊。

"中国核潜艇之父"彭士禄，把自己的毕生精力都奉献给了核电事业，从研发到建设核电，他一直保持着勇攀高峰、锐意进取、重实干、不说空话、埋头苦干的工作风格，一生坚守为国为民的高尚情操，对中国的核电建设作出了独一无二的卓越贡献。

第五章　幸福与爱国

苏格拉底曾说过："教育不是灌输，而是点燃火焰。"这股火焰，正是指向了心灵成长的意义、体验、情感、意志、价值观的熏陶。这股火焰，使人求真、求善、求美、求人格的完整和超越。一个人必须具有奉献祖国的赤诚之心，才能在成长中培养热爱祖国的能力，并且在国强民富中体验成长的幸福。

爱国的人一定是幸福的人，且是有德之人。人无德，则人格有缺憾，缺此一处，填再多知识，也不能弥补。张桂梅，华坪女高的校长，在大山里扎根了几十年，安贫守节，用榜样的力量来激发学生的斗志。她身上那股浩然正气，就像是一团火焰，一片光明，照耀在每个人的心中。

爱国就要弘扬祖国优秀传统文化，演绎幸福人生。

中国文化是古老的、永恒的，有着极深的精神元素。中华优秀的传统文化，蕴涵着深邃的人文精神，彰显着中华民族的精神风貌，有着悠久的历史底蕴。中华优秀传统文化经历了漫长的岁月，在新时代，仍然散发着蓬勃的生机和活力，这是一个民族复兴和兴旺的重要条件。它就像是一种精神图腾，指引着正确的价值取向绵延不绝地发展。

每一种文明的产生都有其独特的环境。面对如今瞬息万变的时代，创新是让优秀传统文化在当下依旧保持旺盛生命力的必然之举。在单霁翔任职期内，故宫从只可远观的"高岭之花"变成人们日常生活中不可或缺的一部分，人们在一件件小小的文创作品中与古人交流，与文化共舞。

有人说单霁翔是故宫博物院掌门人，而他却说自己是看门人。单霁翔以保护故宫优秀传统文化为目的，希望能以一种公开、平等的心态，将故宫所蕴藏着的丰富的中国文化遗产展示给后人，给世人述说更加美好绚烂且厚重的中国优秀传统文化脉络。这样爱国何尝不是一种触摸得到的幸福。

前半生历经颠沛流离，人到中年后的叶嘉莹并没有因此而自暴自弃，反而在持续不断追求学问、涵养道德的过程中，对生命的苦难有了更透彻的领悟。她认为人生有太多的变数，还不如把自己的生命献给诗词，把中国人的精神、情感、意志与品性写成经典流传。

叶嘉莹一生所追求的，就是把中国优秀传统文化的火种延续下去。努力孕育出美好和崇高。她愿意打开一扇门将学生引进来，"柔蚕老去应无憾，要见天孙织锦成"，即使我不能成功，也要助人辉煌。有爱就有幸福，爱国爱得单纯，幸福就很纯粹。

在文化遗产的传承中，不能因循守旧，要有"破而后立"的远见，要有"革故鼎新"的勇气。王珮瑜在京剧推广上开拓创新，大胆借用现代网络媒介和电视平台，在传统与现代的碰撞中，孜孜不倦地延续着国粹的生命力，让京剧真正开始走进年轻一代。她用实际行动证明了爱是幸福的源泉，同时也激励着那些在默默努力奋斗想要将国粹传承下去的人。

爱国是一种精神，是一种信仰，也是一种别样的幸福。

一颗强烈的爱国之心，这是我们科学技术工作者应该拥有的。科学无边界，但科学家有自己的国家。广大科技人员要树立以国家为本的观念，把科技成果应用到祖国的现代化建设中，把自己的梦想和中国梦紧密地联系起来，为实现中华民族的伟大复兴而奋斗。

中华人民共和国成立后，钱学森毅然决然地返回了百废待兴的祖国，其不失民族气节，淡泊名利、为民造福、甘于奉献、赤心报国，为祖国的发展立下了汗马功劳，为祖国的繁荣富强建立了丰功伟绩。

新时代我们要牢记国家利益高于一切，争做堪当民族复兴重任的时代新人。正是有了一代代人的积淀、传承，我们才能厚积薄发，完成党和国家赋予的历史使命。

新时代更需要我们继承发扬以国家民族命运为己任的爱国主义精神，更需要培养新一代的爱国主义情怀。这是一个充满挑战与机遇的时代，我们正面临着前所未有的大变局。作为新时代的中国青年，我们要以自信、自强的精神风貌，努力学习，为实现中华民族的伟大复兴做出不懈的努力。

只有国家强大了，人民才能过上幸福的生活。

爱国爱党爱社会主义息息相关，我们要树立正确的人生价值观。坚定信仰，热爱祖国，弘扬社会主义核心价值观，为实现中国梦作出应有的贡献。同时，我们要善于学习，勇于创新，努力成为更好的自己。

维护祖国统一和民族团结事关全局，我们要努力践行，锤炼品格。在人生的长河中，要激起美丽的浪花，就要学会担当，积极维护祖国统一和民族团结，为中华民族的伟大复兴贡献自己的力量。同时，我们要勇于挑战自己，不畏艰难困苦，锐意进取，锤炼自己的意志和品格。

尊重和传承中华民族的历史文化事关中华民族的精神命脉，我们必须承担起这个时代赋予我们的重任，深入了解尊重和传承优秀文化基因。关心国事，关注民生，担当民族复兴大任。弘扬爱国主义精神，积极参与到祖国的各项事业中，为国家的繁荣作出自己的贡献。

坚持立足中国又面向世界是事关中国发展的一条重要道路，要讲好中国故事、传播好中国声音，要着眼于世界发展，勇于承担世界责任。在国际舞台上，为了促进世界和平、构建人类命运共同体，我们应该展示大国担当和风采。

我们要时刻牢记"祖国放心、强国有我"的使命，珍惜时代赋予我们的机遇，不畏艰难勇攀高峰，为祖国的全面发展贡献智慧和力量。我们要勇担时代使命，在新时代的征程中，不畏艰难、敢于创新、为实现中华民族伟大复兴的中国梦而努力奋斗。

爱国不是虚幻的口号，爱国是一种修为。为官的应为民众福祉考虑；从医的应以救死扶伤为使命，践行仁心厚德；从商的应讲诚信，遵道义；为师的应立德树人，仁而爱人。

爱国，少年当立誓言，一言一行，努力奔赴，当为国家栋梁，做国之中流砥柱。在烈焰中，做个勇往直前的追梦人。年复一年，依旧风华。

生于盛年，不负盛年。青春，因为国家更显灿烂，惟愿不负生活在这一伟大的时代；明天，我们要更加努力，让我们的时代为我们骄傲。有风雨，有阳光。爱国，幸福如影随形。

第六章

幸福与奉献

一、何为奉献

(一) 奉献的定义

奉献的意思是把实物或意见等恭敬庄严地送给集体或尊敬的人。出自《史记·刺客列传》:"诚能得樊将军首,与燕督亢之地图献秦王,秦王必说见臣,臣乃得有以报太子。"唐·薛用弱《集异记·王四郎》:"叔今赴选,费用固多,少物奉献,以助其费。"明·冯梦龙《喻世明言》第一卷:"婆子笑道:'小户人家,备不出甚么好东西,只当一茶奉献。'"

无私奉献是新时代爱国奉献精神的落脚点和具体表现,这是爱国爱家的情感表达,也是公民的责任和义务。一方面,无私奉献是自觉自愿的实践活动。从哲学意义上说,无私奉献是一种有明确价值理念的自觉的实践活动。任何奉献都是为一定对象付出的行动,具有爱国主义情感的人,会为了国家、民族自觉自愿地付出。对于个人而言,爱国报国就要深入现实社会,了解国家之需、社会之需,结合本职工作贡献自己的力量。自我牺牲是奉献的最高境界,当遇到一些特殊时刻,个人源于对国家和民族强烈的认同和深厚的情感,自觉地把祖国和人民的利益摆在首位,不畏牺牲,奉献自己，并以此为最崇高的个人理想，就是真正做到了无私奉献。另一方面，无私奉献也是公民的责任和义务。无私奉献不仅是一种自觉自愿的行为，也具有一定的强制性和约束性，这在中国宪法中有所体现。因此，无私奉献作为新时代爱国奉献精神的实践表达，不仅是人们的爱国主义情感自觉上升为自我奉献与牺牲的境界，也是中国公民必须遵守和履行的基本义务和法律要求。

（二）奉献的种类

1. 个人奉献

包括时间奉献：志愿者工作、帮助他人、关心家人等；资源奉献：捐款、捐衣物、捐赠食品等；知识奉献：分享经验、教育他人。

在中华大地上，志愿服务以无数微光汇聚时代暖流，涵养主流价值、培育文明新风，彰显了社会文明的温度和高度。志愿服务是社会文明进步的重要标志，是加强精神文明建设、培育和践行社会主义核心价值观的重要内容。

志愿精神与中华优秀传统文化一脉相承，与社会主义核心价值观相契合。中华民族有着助人为乐的优秀文化传统，"奉献、友爱、互助、进步"的志愿精神温暖着、激励着每个人。统计数据显示，截至2022年底，我国注册志愿者已逾2.3亿人，志愿队伍总数达135万个，志愿项目总数1010万个，记录志愿服务时间累计超过52亿小时。志愿服务传递爱心、传播文明，促进社会和谐、推动社会进步。志愿服务播撒了凡人善举的种子，让文明之花处处绽放，让志愿精神成为时代新风。志愿服务已经深入我国经济、社会文化、生态文明建设方方面面，成为新时代推进社会主义现代化建设、提升社会文明程度不可忽视的新兴力量。

新时代志愿服务使命更加重大、舞台更加宽广。随着志愿服务制度化、社会化、专业化的不断推进，社会各界人士纷纷投身志愿服务，成为推动党的创新理论落地生根的传播者、践行者，在满足人民群众多样化需求中送温暖、献爱心，在践行社会主义核心价值观中树新风、育新人，在推进社会文明创建中扬正气、促和谐。加大力度推进志愿服务管理的专业化、规范化、制度化，优化参与志愿服务的平台渠道，持续提高志愿服务的精细化水平，进一步完善志愿服务保障激励机制，就能推动我国志愿服务事业持续健康发展，为推动社会文明进步做出更大贡献。

2. 社会奉献

社会公益机构以服务社会、构建和谐，全人关怀、共建共享，凝心聚力、倡导公益，促进青年健康成长、协助和谐共融建设为使命，致力成为社会公益和志愿精神的传播者、政府有效管理社会的好伙伴、社会资源分配更趋公平的"第三次分配"的推动者、创造社会组织领域大量机会的建设者，从而发展成为专业连接和高效整合社会各方资源的枢纽型社会组织。

社工组织承接、托管、运营，街道办事处，整合了社区各类公共服务资源，建立了由社区居民、企业、社会组织、高校等多元主体积极参与治理的综合服务平台、基层治理平台。组织满足不同年龄段的儿童各种需求的活动，如少儿科创、编程、绘本、剑道、书法、科学实验、手作、音乐、舞蹈等，建立儿童社交平台，形成社区心理场域，打造儿童友好社区。针对青年群体开展自由搏击、剧本杀、桌游等活动，更好地引导青年、组织青年、服务青年，激发青年群体活力，让青年玩、聚、成长在一起。充分利用社区老年达人特长，引导社区中老年群体更好地参与社区建设，在满足精神文化需求的同时重新找寻自己的价值及存在感。除开展智能手机课堂、手工、插花、国画班、剪纸班等活动外，还在线上建立了银发姐姐活力社群，挖掘群内能人，发挥他们的自身价值，让退休生活过得闪闪发光。

挖掘辖区内的志愿者及团队，提升志愿者服务技能、建立志愿者公益联盟，通过开展助力场馆疫情防控会议、志愿者研讨、社团领队团建、空巢老人关爱等活动，大力弘扬志愿服务精神，积极促进公益社区发展。在党建引领下，组织开展企业党建联建、社区公益科普等活动，增强社区居民对文明的意识，营造社区文明氛围，构建和谐社区。充分利用、整合周边商区、街区、园区、学校资源优势，联合开展活动并将服务不定期配送至商区、园区内，共同打造充满温度的15分钟生活圈，圈住群众的获得感、幸福感和安全感。

就如志愿者们的愿景一样，他们成为整合社会资源的枢纽，搭建平台，挖掘出社区能人、为社区赋能；针对需求，精准服务，让社区焕发活力，也尽显公益社会组织的温度。

（三）奉献的重要性与意义

党的二十大报告提出：中国式现代化是物质文明和精神文明相协调的现代化。物质富足、精神富有是社会主义现代化的根本要求。我们不断厚植现代化的物质基础，不断夯实人民幸福生活的物质条件，同时大力发展社会主义先进文化，加强理想信念教育，传承中华文明，促进物的全面丰富和人的全面发展。

一个人确立了服务人民、奉献社会的人生追求，才能清楚地把握人的生命历程和奋斗目标，深刻理解人为了什么而活，应走什么样的人生之路等道理。

一个人确立了服务人民、奉献社会的人生追求，才能高度警惕和自觉抵制各种错误人生观的影响，以积极进取的人生态度对待人生、对待生活、解决实际生活中的各种问题，以人民利益为重，始终对祖国和人民具有高度的责任感，在服务人民、奉献社会中实现自己的人生价值。只有树立了为人民服务，奉献社会的人生追求，才能实现个人与社会的有机统一。

树立为人民服务，奉献社会的人生追求，不仅能获得物质利益，还能获精神提升。一个人确立服务人民、奉献社会的人生追求，才能掌握正确的人生价值标准，才能懂得人生的价值首先在于奉献，自觉用真善美来塑造自己，不断培养高尚的操行和纯朴的情感，努力使自己成为高尚的人。

二、奉献对于人生的意义

"服务人民、奉献社会"的思想以其科学而先进的品质内涵，代表了人类社会迄今最高尚的人生追求。人民群众是社会历史的主体，是社会物质财富和精神财富的创造者，是社会变革的决定力量。这一思想以历史唯物主义关于人民群众是历史的创造者的基本观点为理论基础，指明了人在成长和发展过程中应确立的人生目标和方向。

（一）奉献对于个人成长的意义

1. 通过奉献他人，培养同理心和善良品质

当我们愿意帮助他人并看到他们得到帮助时，我们会感受到一种喜悦和满足感。这种愉悦的感受是人类天生具备的，而且帮助他人也会给我们带来很多意义深远的收获。

当我们帮助他人时，我们能够感受到自己的价值和意义。我们每个人都有自己的专长和技能，当我们利用这些技能帮助他人时，我们就能够意识到自己在社会中的重要性。我们的能力不仅用于满足自己的需求，而且可以为他人带来积极的改变和帮助。这种认识使我们更自信和乐观地面对生活的挑战，同时也增强了我们的幸福感和满足感。

帮助他人还可以促进人际关系的建立和加强。通过帮助他人，我们能够与他人建立起一种密切的联系和友谊。当我们帮助别人时，我们会获得他们的感激和赞赏，这将加强我们之间的互信和友好的关系。与此同时，我们也会通过帮助他人而结识更多的朋友和同伴，这将丰富我们的社交圈子，并增加我们的人脉资源。在这些人际关系中，我们可以互相分享经验、知识和资源，共同成长和进步。

2. 帮助他人带来内心满足和喜悦，增强自信

帮助他人还能够给我们带来一种心灵的满足感。当我们帮助他人时，我们不仅解决了他们的问题和困难，更重要的是为他们带来希望和改变的可能性。看到他们从困境中解脱出来，重建信心和积极的态度，我们会感

到由衷的满足和快乐。这种满足感让我们感受到生活的美好和意义，激励我们更加乐意去帮助他人，同时也推动着我们去追求更高的目标和追求。

帮助他人还能够使我们自身获得成长和进步。通过帮助别人解决问题，我们不仅能够巩固已有的知识和技能，还能够不断学习新的知识和技能。每一次的帮助都是对我们的挑战和锻炼，通过面对困难和解决问题，我们能够发现自己的不足并不断提高和完善自己。这种成长和进步不仅有利于我们个人的发展，同时也使我们提升帮助他人的能力和资源储备。

帮助他人的感想和收获是多方面的。从满足感和开心的角度来说，我们能够感受到自己的价值和意义，建立起更加密切的人际关系，获得内心的满足和快乐。此外，通过帮助他人，我们还能够成长和进步，提升自己的能力和技能。因此，让我们行动起来，帮助他人，享受这种喜悦和满足感，并从中收获更多的成长和进步。

（二）奉献对于社会发展的意义

1. 奉献促进民族凝聚力，增强社会和谐

奉献对于社会团结和和谐具有重要意义。在一个社会中，每个人都有自己的责任和角色，而奉献意味着个人能够超越私利，为整个社会的利益而付出。只有当每个人都能做到奉献，社会才能形成团结一致、和谐稳定的局面。例如，在抗击疫情的过程中，无数医护人员日以继夜地奋斗在一线，不顾自身安危，为保护他人的生命做出了巨大牺牲。他们的奉献精神不仅展现了职业素养，更彰显出了社会责任感和使命感。正是因为有了这种无私奉献的精神，我们才能够共同战胜疫情，实现社会的和谐与稳定。

此外，在社会发展中，奉献还体现在各个领域。在教育领域，一位优秀的教育工作者常常会将自己的时间、精力、智慧全部奉献给学生，为他们创造良好的学习环境，并引导他们成长为有道德、有责任心的人。在公益领域，志愿者们以奉献精神投入各类慈善活动中，为弱势群体提供帮助和支持。在企业领域，一位优秀的企业家会将自己的智慧和财富用于社会公益事业，推动社会进步。这些都是奉献精神在不同领域的具体体现，这些奉献行为为社会的发展注入了正能量。

2. 奉献行为激发他人参与，形成良好的互助氛围

奉献是人类文明发展的重要推动力。历史上许多伟大的科学家、思想家都以无私奉献精神为动力，为人类文明做出了卓越贡献。例如，伟大的科学家爱因斯坦，他以超凡的智慧和坚定不移的奉献精神，在相对论、光电效应等领域做出了突破性的贡献。而尼尔斯·玻尔，则通过奉献自己的时间和精力，推动了量子物理学的发展。这些科学家们在追求知识和真理的过程中，不畏艰险、甘愿付出，最终推动了人类文明的进步。

此外，奉献还具有激励他人、传递正能量的作用。当我们看到别人无私奉献、为他人付出时，我们会被感动、被激励，并且愿意去效仿他们的行为。这种积极向上的激励作用，可以促使更多的人投身于奉献事业中，从而推动社会的进步。例如，诺贝尔和平奖得主马丁·路德·金，他坚定地倡导非暴力抗争，为种族平等和社会公正做出了巨大贡献。他的奉献精神不仅赢得了广泛的赞誉和尊重，也激励了无数人继续追求正义与公平。这样的例子不胜枚举，奉献精神通过激发他人的积极性和创造力，对社会发展产生着深远影响。

三、奉献与幸福的关系

幸福是由内而外散发的喜悦感，每个人对于幸福的定义和感受都不同，有人说分享才是幸福，这是一种无私高尚的境界。三尺讲台、四季耕耘是老师的奉献；守卫边防、不畏风霜是战士的奉献；疫情肆虐、冒险逆行是医护工作者的奉献。他们是幸福的，他们收获的是祖国的安泰繁荣、人民的尊重和敬仰。有人说放下才是幸福，这是一种豁达的精神理念。苏轼被贬还能咏唱出"日啖荔枝三百颗，不辞长作岭南人"的佳句；将相和的故事流传至今，教诲我们宽容大度；张富清不居功自傲的事迹更是让我们看到了放下功名的高尚品格，他们的放下成就了其自我内心的幸福。幸福固然重要，但更重要的是追求幸福。

（一）个人奉献与社会发展的关系

时代的发展离不开人民的奉献，人民的幸福更离不开时代的进步，二者相辅相成，相互依存。在时代的大潮中，每个人都只是极其微小的水滴，但即使微小，也要时刻保持着奉献的精神，在时代浪潮中砥砺前行，明确目标，不断奋进，努力拼搏。因为这是每个人在当前这个时代必须肩负的责任。是社会进步的需要，国家复兴的指南。二者相汇集，才能使我们时代的江河丰盈汹涌。

个人奉献是社会进步的需要。无数的历史证明，社会进步与个人的奉献是密不可分的，个人的力量是微小的，但当源源不断的奉献精神涌现出来时，将爆发出惊人的能量，这股能量足以推动社会进步。每个人的奉献有大有小，却都是一样的激昂壮烈。正是我们每个人的奉献大大小小不断累积，才能最终造就如今我们社会的繁盛景象，正如铁托所说"奉献之花开放的地方，社会便能欣欣向荣"。

个人奉献是国家复兴的指南。社会的进步离不开个人的奉献，国家的复兴就更是如此，国家复兴作为全体人民的崇高理想，需要我们通过不断地奉献来实现。正如我国核潜艇第一任总设计师彭士禄，为了国家强盛奉献了自身的力量，终生投身于核潜艇研制事业，有着同样信念的还有两弹元勋钱学森、钱三强、邓稼先，物理泰斗杨振宁，力学先驱钱伟长等等。他们都是在国家最需要的时候挺身而出，奉献小我成就国家，为中华人民共和国的建设做出了重大的贡献，相信在他们的心中信念唯有奉献二字。只有每个人都能将奉献精神内化为行动的宗旨，并为之不断努力奋斗，才能实现国家的伟大复兴。

个人的奉献推动了社会进步，促进了国家复兴，而这二者的共同发展，则是当前时代长河中的主旋律。奥地利教育家阿德勒曾说过："奉献就是一个人生活的真正意义。"当今时代纷繁复杂，国家正处在崛起的关键时刻，外部环境强敌环伺，内部氛围存在隐患。只有依靠我们自身的奉献精神，为社会与国家做出贡献，强化自身与国家的实力，才能在世界的舞台上站稳脚跟，在时代的长河中留下浓墨重彩的一笔。

(二) 奉献的成功案例与影响：马克思的幸福观和人生追求

马克思在中学毕业的时候写了一篇毕业论文《青年在选择职业时的考虑》，他在文章中写道："如果我们选择了最能为人类福利而劳动的职业，那么重担就不能把我们压倒，因为这是为大家而献身；那时我们所感到的就不是可怜的、有限的、自私的乐趣，我们的幸福将属于千百万人，我们的事业将默默地但是永恒发挥作用地存在下去，而面对我们的骨灰，高尚的人们将洒下热泪。"马克思认为，在选择职业时必须考虑的最重要的原则，是生活和工作的目标。一个人如果仅从利己主义的原则出发，只考虑如何满足个人的欲望，虽然也有可能成为出色的诗人、聪明的学者、显赫一时的哲学家，可是，他绝不会成为伟大的人物，也不可能得到真正的幸福。他的事业是渺小的，他的幸福是自私的。一个人只有选择为人类服务的职业，只有为人类最大多数人的幸福而工作，才是高尚的人，才能得到真正的幸福，才有不可摧毁的精神力量。

马克思站在人民的立场，为无产阶级发声，触动了资产阶级的利益，四次被驱除出境，为了革命事业颠沛流离40年，由于经济拮据，他的三个儿子无法得到好的治疗，早早夭折。就马克思个人而言，他是命运多舛的，然而他又是幸福的，他与恩格斯创立了马克思主义学说，他是全世界无产阶级和劳动人民的革命导师，他是无产阶级的精神领袖，他实现了自己的人生追求。

在马克思的幸福观里，最高层次和境界的幸福应该是个人的自我实现超越"个人"的界限，提升到为社会和人类的无私奉献，追求全人类的整体幸福的层面，只有实现了社会的幸福，才能最终实现个人的价值，实现个人幸福与社会幸福的统一。上周的课程中，我们学习了马克思有关人的本质的科学阐述："人的本质并不是单个人所固有的抽象物，在其现实性上，它是一切社会关系的总和。"人的存在和发展离不开社会的存在和发展，当然社会的发展也不能离开个人的存在和发展，现实的人是社会个体和社会整体相统一的存在。人既然作为类的存在物，他就必然有自身的道德责任。那么幸福的个体性也必须得到超越和提升，这就意味着幸福不仅仅是个人的私事，更是全人类需要共同面对的事。

四、如何从奉献中获得幸福

"奉献"这个词汇，给人一种高尚、崇高的感觉。它意味着无私、无畏地为他人或事业付出，是一种超越自我，造福大众的行为。很多人对于奉献的理解仅仅停留在物质层面，即捐赠金钱或物品。然而，真正的奉献不仅是物质上的付出，更是一种精神上的投入和情感上的给予。从这个角度来看，奉献并不是单向的，它不仅可以给受助者带来幸福，也能够给奉献者自己带来幸福。

（一）奉献对心理健康的积极影响

奉献可以增强自尊心和归属感。当我们帮助他人时，我们会感到自己有价值、有意义。这种感觉会增强我们的自尊心，提升自我价值感。同时，奉献还能够培养我们的归属感，让我们感到与他人之间有一种紧密的联系和互相依赖。

奉献可以促进情感交流和社交关系。当我们奉献自己的爱与关怀时，我们会与他人建立起深厚的情感纽带。这种情感交流不仅可以满足我们对爱和被爱的需求，还可以促进社交关系的发展。研究表明，奉献者往往拥有更多的亲密关系和支持网络，这对于心理健康具有重要意义。

奉献可以培养积极乐观的心态。当我们将目光从自己身上转移到他人身上时，我们会更加关注他人的需要和幸福。这种关注使我们变得乐观、积极向上，并且能够更好地应对生活中的困难和挑战。正如佛教经典所说："奉献是修行的一部分。"通过奉献，我们能够培养出一颗宽容、善良的心，这对于心理健康具有积极的影响。

（二）奉献对身体健康的积极影响

奉献可以提高免疫力。当我们帮助他人、关心他人时，我们会释放出积极的能量，这将有助于增强我们的免疫力。科学研究也证明，慈善行为可以促进体内抗氧化物质的产生，从而提高免疫系统的功能。

奉献可以降低心理压力。当我们奉献自己的时间和精力去帮助他人时，我们会感到一种内心的满足和快乐。这种快乐可以分散注意力，减轻压力和焦虑。心理学家认为，奉献行为可以促进大脑中的多巴胺释放，这是一种让人感到愉悦和满足的神经递质。

奉献可以延缓衰老过程。奉献让人们更加积极向上、充满活力，这对于延缓衰老过程起到了重要作用。科学研究发现，奉献者比其他人更少患有心脏病、高血压等常见疾病，并且寿命更长。这是因为奉献可以减少身体的压力反应，降低患病风险。

（三）如何从奉献中获得幸福

古今中外，各个文化和宗教都强调奉献与幸福之间的紧密联系。例如，在佛教中，"利他"是修行道路上至关重要的一环。释迦牟尼佛曾经说过："若欲得幸福安乐，应当把利益众生视为唯一目标。"换言之，只有通过奉献他人才能获得真正的幸福。在基督教中，耶稣基督教导人们要去爱和帮助他人，同时也坚信"施比受更有福"。这意味着奉献所带来的回报远大于付出。不仅如此，伊斯兰教、印度教、犹太教等宗教也都强调奉献与幸福之间的密切关系。

那么，如何从奉献中获得幸福呢？首先，我们需要培养一颗无私的心。只有当我们不再计较个人得失，愿意将自己的时间、精力和资源奉献给他人时，才能真正体验到奉献所带来的幸福。同时，我们也要学会关注他人的需求与感受，站在别人的角度思考问题，以更好地理解和满足他们的需求。通过这种方式，我们能够建立起深厚的人际关系，并从中获得更多的快乐与满足。

其次，我们要明确自己的价值观和目标。只有当我们清楚自己想要为何种事业或价值而奋斗时，才能更加专注地投入其中，并从中获得幸福感。奉献不仅是对他人的贡献，也是对自己生命意义的追寻。当我们意识到自己的奉献可以改变他人的生活，并为社会作出贡献时，内心会充满满足感和幸福感。

再次，我们还应该学会接受他人的帮助和支持。奉献并不意味着独自承担一切责任和压力，而是要懂得与他人合作，共同努力。当我们接受他人的帮助时，不仅能够减轻自己的负担，也给对方提供了奉献的机会。在相互帮助中，我们能够更好地体验到奉献的快乐和幸福。

最后，我们要保持一颗感恩的心。感恩能够使我们更加珍惜所拥有的一切，并激发我们奉献的动力。当我们意识到自己所拥有的一切都是他人的付出和帮助所赐时，就会更加珍视并回报这份恩情。通过感恩，我们能够培养出一种奉献的心态，并从中获得真正的幸福。

总之，奉献并非只是单纯的付出行为，它是一种精神上的投入和情感上的给予。通过奉献他人，我们不仅能够给予别人幸福和快乐，也能从中获得自身的幸福。爱出者爱返，福往者福来。这种幸福不仅在宗教和哲学中得到了肯定，也在科学研究中得到了证实。因此，让我们从现在开始，培养一颗无私的心，关注他人的需求与感受，明确自己的价值观和目标，接受他人的帮助和支持，并保持一颗感恩的心，从奉献中获得真正的幸福。

五、如何践行奉献

（一）自我反思与成长

奉献是一种美德，它能够让我们更加关注他人的需求和幸福。在《圣经》中，耶稣曾经说过："施比受更为有福。"这句话告诉我们，通过帮助他人、关心他人，我们可以获得内心的满足和成长。当我们奉献自己的时间、精力或资源去帮助那些需要帮助的人时，我们会意识到自己拥有的并不是无尽的财富和资源，而是应该与他人分享的东西。这种意识会让我们更加珍惜现有的资源，并激发我们去探索更多可能性。

通过奉献他人，我们能够看到自己的不足之处并进行自我反思。当我们投入帮助他人的行动中时，我们会发现自己并不是无所不能的，而是有许多不足之处需要改进。比如，在帮助一个需要学习的孩子时，我们可能会发现自己在某些学科上的知识并不扎实，这时我们就会反思自己的学习方法和态度，进而寻找提高的途径。这样的反思有助于我们认清自身的弱点，并为自我成长提供了契机。

奉献还能够培养我们的人际交往能力和领导才能。当我们主动参与到各种志愿活动中去时，我们会与各类人士接触，并积极合作。在这个过程中，我们可以学会倾听他人的意见、尊重他人的观点，并寻找解决问题的最佳方案。这样的经历可以培养我们良好的沟通能力和团队合作精神，为将来的职业生涯打下坚实基础。同时，通过参与志愿活动，我们还有机会担任领导角色，学习如何组织和协调团队成员，这对于培养领导才能也是非常重要的。

奉献还可以让我们更加关注社会问题，并激发我们对积极参与社会变革的渴望。通过了解和接触那些处于弱势群体的人们，我们会深刻地认识到社会问题的严重性和紧迫性。比如，在参与救助贫困地区儿童的过程中，我们会看到他们因缺乏基本生活条件而面临的困境，这时我们就会想尽一切办法来帮助他们改善生活状况。这种关注和参与会让我们对社会问题有更深入的了解，并激发我们为社会变革做出贡献的愿望。

奉献是一种伟大的行为，它不仅可以使我们成为一个有价值的人，还可以实现自我反思与成长。通过奉献他人，我们能够反思自己的不足之处并寻找提高的途径；通过奉献他人，我们能够培养人际交往能力和领导才能；通过奉献他人，我们能够关注社会问题并积极参与社会变革。因此，在生活中要时刻保持奉献的心态，用自身的力量去影响世界，同时实现自我的反思与成长。正如卡耐基所言："施予而不求回报的快乐是我们所能得到的最大快乐。"

（二）寻找奉献机会与方式

青年大学生作为中国特色社会主义建设者和接班人，应当向英雄和优秀青年学习，在为人民服务中茁壮成长、在艰苦奋斗中砥砺意志品质、在实践中增长工作本领。科学高尚的人生追求是"服务他人、奉献社会"，这就要求我们超越狭隘的私心、看穿浮华名利、看透低俗物欲。

有信念、有梦想、有奋斗、有奉献的人生，才是有意义的人生。在中国共产党人的精神谱系中，许多伟大精神都包含无私奉献的精神内涵。"心甘情愿为党、为人民当一辈子老黄牛"的王进喜，"把有限的生命，投入到无限的为人民服务之中去"的雷锋，"只要生命不结束，服务人民不停止"的杨善洲，用自己的力量为他人、为国家、为民族、为社会做出贡献的黄文秀……这些闪闪发光的名字之所以被人们铭记，就在于他们以实际行动彰显出忠诚奉献的觉悟、甘于奉献的美德、拼搏奉献的追求、为民奉献的情怀。弘扬奉献精神，自觉为人民、为社会、为国家竭诚奉献，我们的社会必将更加美好，我们的国家必定更为强盛。

党政干部，弘扬立党为公、忠诚为民的奉献精神，着力解决好人民群众急难愁盼问题；教育工作者，弘扬"捧着一颗心来，不带半根草去"的奉献精神，办好人民满意的教育；科技工作者，弘扬淡泊名利、潜心研究的奉献精神，为实现科技自立自强奋斗不息；广大知识分子，弘扬爱国奉献精神，心有大我，至诚报国；人民解放军指战员，发扬舍生忘死的奉献精神，树立正确的生死观、苦乐观、得失观。每个人都有一分热、发一分光，就能点点星火，汇聚成炬。

践行奉献精神，不仅能实现自我价值，更能鼓舞斗志，促进团结、凝聚力量。武汉金银潭医院，医护人员逆行出征，志愿者们积极为他们提供保障，"你们守护患者，我来守护你们"。重庆北碚区缙云山突发山火，消防员向火场进发，而他们身后，有许许多多志愿者专门赶来协助，"你守护山城，我守护你"。奉献精神传导给更多人，激励人们见贤思齐、择善而从，感召人们忠于职守、尽职尽责，积蓄起众志成城、团结奋斗的强大合力。

一个国家、一个民族的生存和发展，需要千千万万个脚踏实地、默默耕耘的奉献者。为了打赢脱贫攻坚战，数百万扶贫干部将光阴韶华无私奉献给了脱贫事业；一代代航天人"特别能吃苦、特别能战斗、特别能攻关、特别能奉献"，在太空中不断刷新中国高度；南水北调工程碧水北送、利泽万民，离不开沿线移民的无私付出。

"如果你是一颗最小的螺丝钉，你是否永远坚守在你生活的岗位上？"《雷锋日记》的话语穿越时空，透射出深沉的力量。大力弘扬奉献精神，把自己的小我融入祖国的大我、人民的大我之中，每个人都能为强国建设、民族复兴伟业添砖加瓦、增光添彩。

（三）克服困难与挑战

奉献是一项具有高尚意义的活动，它源于人们对社会的关注和对他人需求的关爱。然而，在奉献中，我们常常会遇到各种困难和挑战。这些困难与挑战不仅考验着我们的毅力和耐心，更要求我们拥有智慧和创新精神。在这一章节中，笔者将探讨如何克服奉献中所遇到的困难与挑战。

首先，奉献的困难之一是时间管理。很多人都有工作、学习和家庭等负担，因此很难有足够的时间参与奉献。然而，我们可以通过合理安排时间来解决这个问题。比如，我们可以利用周末或假期来参与奉献活动，或者在工作日安排一些短暂但有意义的奉献项目。此外，我们还可以与其他志愿者共同协作，分担工作责任，并确保每个人都有足够的时间参与。

其次，奉献还面临资源不足的挑战。资源包括资金、物资和人力等方面的支持。我们可以通过创新思维来解决这个问题。例如，我们可以通过筹款活动来筹集资金，或者与企业和组织建立合作关系，以获得物资和人力支持。此外，我们还可以利用社交媒体和网络平台来宣传我们的奉献项目，吸引更多人参与并提供资源支持。除了时间管理和资源不足外，奉献还面临着许多其他困难和挑战。例如，有时我们可能会在接触受助对象时遇到困难，他们可能由于各种原因而对我们的帮助持怀疑态度或抵触情绪。在这种情况下，我们需要耐心和理解，并通过与他们建立良好的沟通和信任关系来解决问题。同时，我们还可以寻求专业人士的帮助和指导，以更好地应对这类挑战。

　　再次，奉献还需要我们具备一定的专业知识和技能。有些奉献项目可能要求我们具备医疗、教育或心理辅导等专业背景。在面对这种挑战时，我们可以通过学习和培训来提升自己的专业能力。参加相关的课程和培训活动，并与专业人士交流和学习，以提高自己在奉献中的表现和成效。

　　最后，奉献还需要我们具备坚定的信念和积极的心态。在奉献中，我们可能会遇到挫折和困难，但是我们不能轻易放弃。相反，我们应该坚持自己的信念，并相信自己的努力将会产生积极的影响。同时，我们还应该保持积极的心态，面对困难时不气馁，努力寻找解决问题的方法和途径。

　　总之，克服奉献中所遇到的困难与挑战需要我们拥有时间管理、创新思维、耐心与理解、专业知识与技能以及坚定信念和积极心态等多方面的能力。通过合理安排时间、创新思考、寻求资源支持、建立良好沟通关系和持续学习提升自己，我们可以克服这些困难与挑战，并为奉献事业做出更大的贡献。正如英国作家萨缪尔·约翰逊所说："天才是百分之一的灵感加上百分之九十九的努力。"只要我们坚持努力，相信自己的能力，就一定能够克服奉献中的困难与挑战，为社会的发展和进步做出贡献。

　　综上所述，奉献是一种力量，它能击穿名为自私的顽石；奉献是一团火焰，它能够烧毁名为自利的旗帜；奉献更是一道光芒，它能够照亮我们前行的道路。愿我们每个人都能乐于奉献，甘于奉献。用奉献之力引导社会进步，用奉献之火促进国家复兴，用奉献之光汇入时代江河。

第七章

幸福与道德

一、何为道德

道德是人类社会中最基本、最重要的规范之一。它既是个人行为准则的指引，也是整个社会秩序的基石。毋庸置疑，道德对于人类社会的和谐与发展具有至关重要的意义。何为道德？道德又具备怎样的概念和意义？通过引经据典，我们可以更深入地探讨这一问题，并进一步认识道德在人类社会中的重要性。

（一）道德的定义和起源

《论语》中有对于道德的定义和解释。孔子曾说过："君子上达，小人下达。"这句话可以视为孔子对道德的一种定义。在孔子看来，一个君子应该追求品格的完善和高尚，而一个小人恰好相反。这个观点强调了个体在道德上的追求与选择，及其对个体品质和社会秩序的影响。同样，《论语》中还有"己所不欲，勿施于人"的名言，意味着人们应该以道德为准则，自己不愿意的事也不要施加在别人身上。这种互相尊重和关爱的道德准则，是人类社会和谐发展的基石。

道德并不仅仅是个体行为的规范，它还具备着更深层次的意义。在

《大学》中，孔子曾经提出了"修身齐家治国平天下"的观点。这句话将个体道德与社会道德紧密联系在一起，并突显了道德对于整个社会的重要性。修身意味着个体应该努力修养自己的品德和行为；齐家意味着个体应该以道德为准则来维护家庭的和谐与稳定；治国意味着领导者应该以道德为指南来管理国家；平天下则强调了人们应该以道德为基础来促进社会公平和正义。这一观点使我们认识到，道德不仅是个体行为的规范，还是整个社会运行的纽带。

（二）道德的基本特征

道德是人类社会共同遵守的准则，是人类行为的规范和标准。而道德的基本特征包括自愿性和自主性、社会性和公共性、稳定性和普遍性。这些特征反映了道德的本质，并对人类社会的发展和进步起着重要的作用。

1. 自愿性和自主性

道德行为是自愿选择的，取决于个体的意愿和判断力。

道德的自愿性指的是个体在行为中可以自由选择是否遵守道德规范，而不是被强制执行。这种自愿性可以激发个体内心深处的善良、正义之心，并使其主动追求道德行为。同时，道德的自主性体现在个体能够独立思考、判断，并以此为基础进行道德选择。柏拉图曾经说过："没有思考的生活不值得生活。"只有在个体具备独立思考的能力下，才能从众多的道德准则中选择适合自己的行为标准。

2. 社会性和公共性

道德行为是社会共同认可并遵守的准则。

道德的社会性意味着它是在人类社会中形成的，是人们长期生活和相互交往的结果。正如亚里士多德所言："人是一种政治性动物。"人类社会离不开道德规范的约束，而道德规范又是由个体行为的积累和总结所形成的。同时，道德具有公共性，意味着它适用于所有人，并且可以被广泛接受和认同。例如，尊重他人、诚实守信、公平正义等都是道德中普遍存在的准则。而这些准则正是因为其公共性才能够成为整个社会共同遵守的行为标准。

3. 稳定性和普遍性

道德准则具有长期稳定性和普遍适用性。

道德的稳定性指的是其具有相对持久的特点，不会因为环境和时间的改变而产生巨大波动。这是因为道德准则是经过长期实践和验证后形成的，具有较高的稳定性。例如，"不伤害他人""敬老爱幼"等道德准则在不同时代和文化中都被认可和尊重。此外，道德还具有普遍性，意味着它适用于所有人和所有情境。这是因为道德的本质是体现人类共同的价值观和道德判断，与个体的特殊情境无关。康德曾经说过："人们根据自己的意愿去行动，但同时也要将自己的行为视作法则。"他强调了道德的普遍性，即个体在行为中应当遵循普遍适用的道德准则。

道德作为人类社会发展和进步的基石，其基本特征包括自愿性和自主性、社会性和公共性、稳定性和普遍性。这些特征使得道德成为人类社会中不可或缺的准则和规范。正是因为道德的自愿性和自主性，个体才能够从内心深处追求善良和正义；而道德的社会性和公共性则使得个体之间能够相互理解、尊重和合作；最后道德的稳定性和普遍性保证了其在不同时代和文化中都能够起到有效的引导作用。只有在每个人都能够理解并践行道德的基本特征时，我们的社会才能更加和谐、稳定地发展。

(三) 道德的评判标准

道德的评判标准是指人们对于行为是否符合道德规范所进行的判断和评价。在道德评判标准中，有二个重要的概念，即普遍性和一般性、合理性和公正性、利他主义和功利主义。这些概念不仅是道德评判标准的基石，还是人们在实践中不断追求的目标。

1. 普遍性和一般性

道德行为应该适用于所有人，而不是特定个体或群体。

一般性指的是道德规范应当适用于所有人类，而不仅仅适用于某个特定群体或个体。这意味着道德规范应当具有普遍意义，不受个人或群体的私利所左右，道德规范应当超越个人或群体的利益，追求整体社会的利益和幸福。普遍性和一般性是道德评判标准的核心之一。普遍性指的是道德规范适用于所有人，而不仅仅是某个特定群体或个体。这意味着道德规范应该具有普遍适用性，不受时间、地点或个人喜好的影响。这一观点在各种文化和宗教中都有所体现。例如，佛教中的"不杀生"原则强调对生命的尊重和保护，不论是人类还是动物，都应当受到同等对待。

2. 合理性和公正性

道德准则应该基于理性思考和公正判断。

合理性和公正性是道德评判标准的另一个重要方面。合理性指的是道德规范应当基于理性思考和客观事实，而不是主观情感或偏见。这意味着道德评判应当建立在客观、科学的基础上，而不是片面地或主观地进行评判。例如，在判断一个行为是否道德时，我们应当考虑到该行为对他人的影响、其背后的动机以及可能产生的后果等因素。

公正性指的是道德规范应当公平、公正地对待每个人，不偏袒任何一方。这意味着道德评判应当摒弃任何形式的歧视和偏见，追求公平和正义。道德评判应当超越个人或群体的偏见，追求公正和平等。

3. 利他主义和功利主义

道德行为应该追求最大程度地造福他人或社会。

利他主义和功利主义是道德评判标准的两个重要层面。利他主义强调个体应当关注他人的利益和幸福，并为他人付出。这意味着道德评判应当考虑到他人的需要和幸福，追求整体社会的利益。孟子在《孟子·梁惠王上》中提到："仁者无敌。"这一观点表明，关注他人的利益和幸福不仅是道德评判的标准，还是实现个人和社会幸福的关键。

功利主义则强调个体应当追求最大化的效用或幸福。这意味着道德评判应当基于行为所产生的结果和效果，追求最大化的社会利益和幸福。英国哲学家米尔认为，一个行为是否道德取决于它是否能够产生最大化的快乐。这一观点强调了道德评判应当基于结果和效果，而不仅仅是行为本身。

综上所述，道德的评判标准涉及到普遍性和一般性、合理性和公正性、利他主义和功利主义等多个方面。这些标准不仅是道德评判的基础，也是人们在实践中追求道德的目标。只有遵循这些标准，我们才能够建立一个公正、和谐和幸福的社会。

二、道德对于人生的意义

（一）道德感对于个人的意义

道德感是人类共同的情感和观念，它是一种内在的力量，能够引导个人形成良好的品德和行为习惯，并在个人行为选择和决策中发挥重要作用。下面将从培养良好的品德和行为习惯、指导个人行为选择和决策两个方面探讨道德感对于个人的意义。

1. 培养良好的品德和行为习惯

（1）道德感是培养良好品德的基石

道德感是一个人内心深处对善恶标准、公正与否等价值观的认同和理解。它引导人们认识到善良、诚实、宽容、友善等美德，并激励人们追求这些美德。例如，孔子在《论语》中说："君子欲讷于言而敏于行。"这句话强调了一个人应该注重言行一致，通过实际行动去践行自己的道德观念。只有具备道德感，才能够从内心追求和坚守美德，形成良好的品德和行为习惯。

（2）道德感对于个人成长的重要性

在个人成长的过程中，道德感起着至关重要的作用。它能够引导个人树立正确的价值观念，并培养良好的品格。例如，从小就接受道德教育，了解诚实、守信、友善等基本道德准则，能够帮助孩子形成良好的行为习惯，培养其品学兼优、乐于助人的品质。而没有道德感的人，则容易陷入自私自利、欺骗他人等不良行为中，阻碍自己的成长和发展。

（3）道德感是社会和谐发展的基础

一个社会是否和谐稳定，与每个个体是否具备道德感密切相关。只有每个人都能够遵守公共道德规范,关心他人,尊重他人的权益,才能够建设一个和谐的社会。例如,在现代社会中,尊重知识产权、遵守法律法规等基本行为准则,都是道德感的体现。只有每个人都具备道德感,社会才能够得到良好的发展。

2. 指导个人行为选择和决策

(1) 道德感是行为选择的准则

在面对各种行为选择时,人们常常会依靠自己的道德感来指导自己的决策。例如,在工作中,一个人如果具备诚实守信的道德感,就会坚守自己的职业操守,不做违背良心和伦理的事情。而没有道德感的人,则容易被功利主义和私利驱使,做出损害他人利益甚至社会公共利益的行为选择。

(2) 道德感对于道德困境的解决有重要作用

在现实生活中,人们常常会遇到一些道德困境,需要做出艰难抉择。这时,一个人是否具备道德感就显得尤为重要。例如,在商业环境中,有些公司可能面临着追求长期利益与损害消费者权益之间的抉择。如果公司领导具备强烈的道德感,就会坚守诚信原则,以长远发展为目标,做出正确的决策。而没有道德感的人,则可能为了追求个人利益而忽视他人权益,导致不公平和不合理的结果。

(3) 道德感对于提升个人幸福感有积极影响

道德感不仅对于社会和谐稳定有重要作用,也对个人幸福感有积极影响。一个具备道德感的人,能够积极地与他人建立良好的关系,获得他人的尊重和支持。同时,他们也能够从内心得到满足感和成就感,增强自己的自信心和幸福感。而没有道德感的人,则可能陷入孤独、焦虑和内心空虚等负面情绪中。

道德感是个人内心深处的一种情感和观念,具有重要的意义。它能够引导个人培养良好的品德和行为习惯,并在个人行为选择和决策中发挥重要作用。因此,我们应该注重培养自己的道德感,树立正确的价值观念,努力践行美德,从而实现个人与社会的和谐发展。如古希腊哲学家亚里士多德所说:"德行是一种习得,就像其他任何技能一样。"只有通过不断的实践和修炼,我们才能够培养出良好的道德感,成为一个真正有道德修养的人。

(二) 道德感对于社会的意义

道德感作为人类内在的道德情感,是人们在实践中对于善恶、美丑、正邪等价值判断的基础。它不仅在个体心灵层面上具有重要意义,而且在社会层面上也扮演着关键的角色。道德感对于维护社会公平与正义以及维护社会秩序具有重要的意义。

1. 维护社会公平与正义

(1) 道德感是维护社会公平与正义的内在动力

道德感使人们有能力辨别善恶,察觉不公与不义,并驱使人们行善积德,促进社会的公平正义。

(2) 道德感塑造良好的行为规范

伦理学家康德提出了"绝对道德法则"的观点,主张人们应当按照自己的行为是否符合普世道德标准来判断其道德性。道德感通过塑造良好的道德规范,引导人们追求公平正义,实现社会的和谐稳定。

(3) 道德感促进个体和社会的发展

亚里士多德认为,道德品质是人类最高尚的品质,它能够使人们实现自我完善、实现自己与他人以及社会的和谐发展。道德感不仅推动个体追求卓越,而且促进社会全面进步。

2. 培养和维护社会秩序

(1) 道德感是社会秩序的基石

柏拉图指出,一个国家或城市的秩序在于每个公民拥有良好的道德素养。道德感使人们明白遵守法纪、遵从规则是必要的,并能够自觉地约束自己的行为,从而维护社会秩序。

(2) 道德感建立和谐稳定的人际关系

孔子强调"仁者爱人",他认为只有具备高尚的道德情感,才能建立和谐稳定的人际关系。道德感使人们关心他人，尊重他人的权益，从而能够建立和谐、友善的社会环境。

（3）道德感培养公民责任感

约翰·洛克认为个体与社会之间存在着契约关系，个体享受社会赋予的权利的同时也应承担相应的责任。道德感使人们意识到自己是社会的一员，应当积极履行自己的公民责任，为社会做出贡献。

道德感在维护社会公平与正义以及维护社会秩序中发挥着重要作用。通过教育引导、以身作则和强化社会监督等手段，我们能够培养和加强道德感，推动社会不断进步。相信在一个充满道德感的社会中，公平正义将得到维护，社会秩序将得以稳定，人类的幸福将得到更好的实现。

三、道德与幸福的关系

（一）道德对幸福的影响

1. 道德行为对个人幸福的影响

道德是人类社会中最基本、最重要的准则之一，它指导着人们的行为和思维方式。道德行为不仅对他人的幸福有着深远的影响，对个人的幸福也产生着巨大的影响。正如孔子所言："修身齐家治国平天下"，一个人如果能够具备良好的道德修养，不仅能够获得内心的宁静与满足，还能够在与他人的互动中获得更多的幸福。

首先，道德行为可以让个人获得内心的宁静和满足感。当一个人遵守道德规范时，他会感到平静、无愧于心，并且能够更好地掌控自己的情绪和行为。例如，在《论语》中，孔子告诫学生们要"己所不欲，勿施于人"，这种道德准则告诉我们要尊重他人的权益和尊严，并在待人处事时保持公正和善良。当一个人能够秉持这样的道德准则去行事时，他会拥有清白的心态和自豪感，从而获得内心的平静和满足。这种内心的宁静和满足感是个人幸福的重要组成部分。

其次，道德行为也能够为个人带来更多的人际关系和社会支持，进而增加幸福感。道德行为能够赢得他人的尊重和信任，使个人在社会中建立良好的声誉和形象。例如，亚里士多德认为道德美是一种可以引发他人尊敬和喜爱的美。当一个人以诚实、正直、慷慨和宽容的态度对待他人时，就会获得他人的认同和支持，并且能够建立起更多真诚而深厚的友谊。在面对挫折和困难时，这些朋友和社会网络将给予个人更多的支持和鼓励，从而增加个人的幸福感。

最后，道德行为还能够提升个人自身的品质与修养，从而促进个人成长与发展。众所周知，一个道德高尚、品行端正的人往往具备较高的自我控制力、责任感和社会意识。这些品质和修养不仅能够帮助个人更好地应对生活中的挑战和困难，还能够使个人更加有自信、有魅力和有影响力。例如，英国哲学家约翰·洛克曾说过："道德美比外貌美更能吸引人。"这句话告诉我们，一个道德高尚的人不一定能够在外貌上给人留下深刻的印象，却能够通过自己的言行去影响他人，发挥自己的正面影响力。这种正面影响力将进一步提升个人的幸福感和满足感。

2. 道德行为对他人幸福的影响

道德行为不仅对个人的幸福具有重要意义，也对他人的幸福产生着深远的影响。正如曾子所说："君子以文会友，以友辅仁。"一个道德高尚的人不仅能够通过自身的道德行为给予他人幸福，还能够通过与他人共同追求道德价值来提升整个社会的幸福水平。

首先，道德行为可以为他人创造一个和谐、安全和公正的社会环境，从而提升他人的幸福感。当一个人遵守道德准则时，他会以公平和正义的原则对待他人，并且尊重他人的权益和尊严。这种道德行为能够促进社会关系的和谐与稳定，减少冲突与矛盾，为大家创造一个安全、公正和有序的生活环境。例如，在《论语》中，孔子说"民无信不立"强调了信任的重要性，他认为一个国家或社会如果缺乏信任和诚信，就无法实现真正的幸福与繁荣。因此，道德行为在塑造一个和谐社会中起着重要作用。

其次，道德行为也能够帮助他人实现自身的幸福与成长。当一个人遵守道德准则时，他会尽力去帮助他人解决问题、实现目标，并分享自己的知识和资源。这种道德行为能够激发他人的积极性和创造力，使他们更有动力去追求自己的幸福与成功。例如，在《大学》中，孔子告诫学生们要"修身齐家治国平天下"，这种道德准则告诉我们要以身作则，先修身齐家，然后才能治国平天下。一个道德高尚的人会在自己成长的基础上去帮助他人成长，从而实现整个社会的幸福与进步。

最后，道德行为还能够为社会创造更多的公益和慈善事业，从而提升弱势群体的幸福感。当一个人具备高尚的道德品质时，他会关心他人的困境和需要，并尽力去帮助那些处于不利地位的群体。这种道德行为能够为社会创造更多的公益和慈善事业，改善弱势群体的生活状况，并为他们提供更多的机会和资源。例如，中国古代的慈善家文澜阁主人文学士就是一个典型的例子。他通过自己的慷慨捐赠和慈善事业，帮助了许多贫困和需要帮助的人们，从而提升了整个社会的幸福水平。

综上所述，道德行为对个人幸福和他人幸福都具有重要的影响。一个道德高尚的人不仅能够获得内心的宁静和满足，还能够在与他人的互动中获得更多的幸福。同时，道德行为也能够为他人创造和谐、安全和公正的社会环境，帮助他们实现自身的幸福与成长，并提升整个社会的幸福水平。因此，我们应该在日常生活中不断弘扬和践行道德准则，使道德美成为我们生活中最靓丽的风景线。

(二) 幸福对道德的影响

幸福是人们追求的目标之一，也是衡量一个社会进步与发展程度的重要指标。而道德行为作为个人和社会交往中最基本的准则，无疑扮演着保障人们幸福感的重要角色。幸福感对个人道德行为具有促进作用，并且在社会道德建设中起到了推动作用。

1. 幸福感对个人道德行为的促进作用

幸福感对个人道德行为有着直接而积极的影响。在心理学领域，有许多研究表明，个体的幸福感与其道德行为之间存在着密切关联。例如，美国心理学家约翰·希尔曼（John Helliwell）在他的研究中发现，拥有较高幸福感的人更倾向于秉持正直、诚实、宽容等良好品质，而那些缺乏幸福感的人则更容易陷入自私、欺诈等不良行为中。这种关联性可以解释为，幸福感能够使个人更加关注和重视他人的感受，从而表现出更多的亲社会行为。正因为如此，在个体幸福感提升的同时，其道德行为也会得到相应的提高。

2. 幸福感对社会道德的推动作用

幸福感对社会道德建设具有积极的推动作用。一个社会的道德水平与其成员的幸福感密切相关。在中国古代哲学家孔子的著作中，曾提出"智者乐水，仁者乐山"之说，意思是只有具备仁爱之心的人才能真正地享受到自然风光和社会秩序所带来的幸福。这种观点不仅在中国传统文化中有着深远影响，还在现代社会中得到了验证。研究发现，那些具备高度道德修养并参与公益活动的个体，其幸福感普遍较高。这是因为道德行为能够带给个体一种满足感和成就感，从而提升其幸福感。社会道德建设也需要每个人共同努力，只有当大多数人都积极参与道德行为时，整个社会才能形成良好的道德风尚，进而推动整个社会的幸福感提升。

幸福感对道德行为的促进作用并非单向的。事实上，道德行为也可以反过来增强个体的幸福感。在心理学领域，有一个"道德幸福"的概念，指的是通过秉持道德标准和价值观来获得幸福感。研究发现，那些经常从事善行和奉献他人的人更容易感受到内心的满足和快乐。这是因为道德行为不仅能够强化个体与他人之间的联系和互动，还能够激发个体内心的善良情感，并提供一种自我肯定的积极心态和自豪感。因此，道德行为和幸福感之间形成了一种良性循环，相互促进。

总之，幸福感对道德行为具有积极影响，并在社会道德建设中发挥着重要作用。个体的幸福感能够促使其更加关注他人的需要和利益，并表现出更多的亲社会行为；而道德行为则能够强化个体的幸福感，通过秉持道德标准和价值观来获得内心的满足和快乐。因此，我们应该从两个层面来提升幸福感：一方面，个人应该注重培养自己的道德修养，积极参与公益活动，为社会作出贡献；另一方面，社会应该加强道德教育，树立正确的价值观念，营造良好的道德风尚。只有通过共同努力，我们才能建设一个更加美好、幸福的社会。

（三）道德与幸福的辩证关系

道德和幸福是人类生活中两个重要而又紧密相连的概念。道德是人类行为准则的集合，代表着社会规范和伦理原则；幸福则是人们追求的目标，代表着心灵的满足和快乐感。然而，道德与幸福之间并非简单一对一的关系，而是一种相互制约、相互影响的辩证关系。

1. 道德与幸福的相互制约关系

首先，道德对于个体幸福具有重要影响。伦理学家康德曾提出"良心法庭"的观念，即人们内心的自我监控机制。当我们遵守道德规范时，我们会获得内心的满足感和安宁感，这种心理状态是幸福感的一部分。此外，道德行为还能够建立信任和共享价值观，从而促进人际关系的发展，为个体带来更多的社会支持和情感支持，进一步提升其幸福感。

反过来说，幸福也对道德有积极作用。研究表明，幸福感高的个体更容易表现出道德行为，并且更愿意帮助他人。这是因为幸福感高的个体更加关注他人需要，更具有同理心和善良的品质。另外，幸福感高的个体通常有更高的自尊心和自我控制能力，能够更好地抵制诱惑和违背道德准则的行为。

2. 如何在道德和幸福之间取得平衡

要在道德和幸福之间取得平衡，一个重要的途径是加强道德教育。通过教育培养人们正确的价值观和人生观，引导他们形成良好的道德习惯。同时，要注重培养个体的自我控制能力和同理心，使其能够更好地平衡个人利益与他人利益，从而实现道德与幸福的统一。

建立公正的社会制度也是实现道德和幸福之间平衡的重要途径。公正的社会制度能够保障每个人的基本权益和福利，缩小贫富差距和减少社会不平等现象。这样一来，人们就能够更加关注道德行为和价值观，而不是过分追求物质利益，从而实现道德和幸福的统一。

此外，培养内心满足感也是取得道德和幸福之间平衡的关键。我们应该学会珍惜眼前拥有的物质和精神财富，并享受当下的幸福感。同时，要学会适应变化，调整自己的期望值和欲望，避免过度追求物质享受而忽视了道德原则。

道德与幸福是人类生活中相辅相成的两个方面。虽然它们具有相互制约的关系，但通过道德教育、建立公正的社会制度以及培养内心满足感等方式，我们可以在道德与幸福之间取得平衡。只有在道德和幸福的统一中，我们才能真正实现个体和社会的全面发展。

四、如何从道德中获得幸福

（一）确定个人价值观与道德准则

人生在世，每个人都应该有自己的价值观和道德准则。这是我们行为的基础，也是我们生活的指南。

1. 理解个人价值观与道德准则

个人价值观是一个人对于自身和世界的认知、评价和追求的总体倾向，是对人生意义、目标和行为规范的根本选择。个人价值观决定了一个人对事物的态度和行为方式。道德准则是社会对于行为规范所做出的规定，它体现了社会共同认可的道德标准，是评判善恶、正误的标尺。道德准则旨在引导人们进行正确、公正和负责任的行为。个人价值观与道德准则之间存在着密切的联系。个人价值观可以影响一个人对于道德准则的选择和遵守程度，而道德准则也可以反过来影响一个人的个人价值观。个人价值观和道德准则相互作用，共同构成了一个人的道德行为。

2. 确定个人道德准则的重要性

个人道德准则是我们行为的基础，它指导着我们应该如何对待他人、如何处理困难和挑战，以及如何面对诱惑和利益冲突。没有明确的道德准则，我们就容易迷失方向，无法做出正确的决策。个人道德准则是品格形成的重要因素之一。通过遵守正确的道德准则，我们能够培养出正直、诚实、宽容、勇敢等美好品质，使自己成为一个有价值的人。个人道德准则不仅对于个体发展重要，还对社会整体发展具有积极影响。当每个人都遵守公平正义、尊重他人、关心社会的道德准则时，社会将更加和谐稳定，人与人之间的关系也将更加和睦。

3. 如何确定个人道德准则

确定个人道德准则的第一步是思考自己的人生意义。每个人都有不同的追求和价值观，通过思考自己的人生意义，我们可以明确自己对于幸福、成功和成就的理解，从而找到合适的道德准则。经典文化中蕴含着丰富的道德智慧和价值观念。我们可以通过阅读经典文学作品、哲学著作等，从中汲取智慧，借鉴其中的道德准则。例如，《论语》中提倡"己所不欲，勿施于人"，《圣经》中强调"爱人如己"，这些都是优秀的道德准则。内心是我们最真实的导师。在确定个人道德准则时，我们应该静下心来，倾听自己内心深处的声音。内心会告诉我们对与错、善与恶，它能够指引我们走向正确的道路。我们也可以向他人学习，借鉴他人的经验来确定自己的道德准则。身边的长辈、朋友、名人等都可以成为我们的榜样，他们的行为和价值观可以给我们提供宝贵的参考。

确定个人道德准则并不是一次性的过程，而是一个不断反思和修正的过程。我们应该时常审视自己的行为和价值观，发现自己存在的问题并加以改进。只有不断修正和完善自己的行为，才能更好地与道德准则保持一致。

个人价值观与道德准则是每个人生活中必须面对和解决的问题。通过理解个人价值观与道德准则的定义和关系，我们能够意识到确定个人道德准则的重要性，并探讨了确定个人道德准则的方法。通过明确自己的道德准则，我们将能够更好地指导自己的行为，塑造自己的品格，并为社会做出积极贡献。

(二) 尊重他人与促进正义

1. 尊重他人的尊严与权利

尊重他人的尊严与权利，促进社会正义与公平，是每个人应当秉持的价值观和行为准则。这不仅是我们作为个体应当具备的基本素养，也是构建和谐社会、实现全面发展的基石。在人类历史长河中，众多智者和思想家都对尊重他人与促进正义这两大主题进行了深入思考，并给予了我们宝贵的启示。

尊重他人的尊严与权利是一种基本道德要求。众所周知，人类作为社会性动物，每个人都有着自己独特而不可剥夺的尊严和权利。这些权利包括生存权、自由权、平等权、参与权等。然而，在现实生活中，我们经常会看到许多无视或违背这些权利的行为和现象。例如，在一些地区和国家，侵犯他人生命权、言论自由、财产权等问题时有发生；在学校和职场中，存在着欺凌、歧视、不公平待遇等情况。这些行为不仅伤害了个体的尊严，也破坏了社会的和谐与稳定。因此，我们应当时刻牢记尊重他人的尊严与权利，并通过法律、教育和道德规范等手段来保障和促进这些权利的实现。

众多哲学家和思想家都对尊重他人的尊严与权利进行了深入的思考。例如，孟子在《离娄下》中说："人有不为也，而后可以有为。"这句话意味着每个人都有自己的尊严，只有被他人尊重之后，才能够积极地为社会做出贡献。同样地，在基督教文化中，耶稣也强调了人人平等、彼此相爱的理念。这些思想告诉我们，尊重他人的尊严与权利是一种普世价值，无论是在东方还是西方文化中，都具备了广泛的共识。

2. 促进社会正义与公平

促进社会正义与公平是一种必然要求。正义与公平是社会发展与和谐所需要的基本条件。正义意味着按照道德和法律原则对待每个个体；公平则意味着每个人都能够享受到同等的机会和待遇。然而，在现实生活中，我们常常会看到许多不公正和不公平的现象。例如，在贫富分化日益加剧的社会中，贫困人口的基本权益无法得到保障；在职场和教育领域，存在着歧视和偏见等问题。这些现象不仅使个体感受到不公平与不正义，也对整个社会的稳定造成了隐患和威胁。

对于促进社会正义与公平，众多智者和思想家也提出了自己的观点。例如，庄子在《庄子·天下篇》中说："天下之人各为其所欲焉以自为方。悲夫，百家往而不返，必不合矣！"这句话意思是在混乱的社会中，每个人都只关心自己的利益，最终将导致整个社会陷入困境。因此，要实现社会正义和公平，每个人都需要树立起大我观念，关注他人的需求与利益，并积极参与到社会事务中去。此外，在伦理学领域，约翰·罗尔斯提出了"差别原则"的概念。他认为，在追求社会正义与公平的过程中，应当优先考虑最弱势群体的利益，以实现社会的整体福祉。这一观点引起了广泛的讨论和思考。

在实践中，我们可以通过多种方式来实现尊重他人与促进正义。首先，我们应当从自身做起，树立起正确的价值观念和道德准则。我们应当尊重他人的尊严和权利，不以身份、性别、种族等因素区别对待；我们应当推崇公平正义，坚决反对腐败、贪污等行为。其次，我们可以通过教育来培养和传承这种尊重他人与促进正义的价值观。教育是社会发展和进步的重要途径，通过教育，我们可以向下一代传递正确的价值观念，并培养他们具备尊重他人、追求正义的品质。最后，政府和社会组织也应当加强监督和管理，确保法律的公正执行，并加大对弱势群体的保护力度。

总之，在当今世界充满变革和挑战的背景下，尊重他人的尊严与权利，促进社会正义与公平，是我们每个人的责任和使命。我们应当从自身做起，树立正确的价值观念和行为准则，通过教育和实践来培养这种价值观念，并积极参与到社会事务中去，为构建一个和谐、公正、繁荣的社会贡献自己的力量。正如古希腊哲学家苏格拉底所说："公正是人类心灵最高尚的美德。"让我们共同努力，为构建尊重他人与促进正义的社会而奋斗！

（三）建立道德行为的积极习惯

道德行为是人类社会发展的基石，是人们在日常生活中所应遵循的准则和规范。然而，由于种种原因，现代社会中有一些人陷入了道德沦丧的泥淖之中。为了让我们的社会更加和谐进步，我们应该努力培养建立道德行为的积极习惯。其中包括坚持正直与诚实、克制欲望与培养自律能力。

1. 坚持正直与诚实

正直与诚实是道德行为中最基本的品质，它们是人们在日常生活中应该遵守的准则。《论语》中有一句名言："君子喻于义，小人喻于利。"这句话告诉我们，一个真正有品德修养的人应该把义放在第一位，而不是个人的私利。只有坚守正直与诚实，才能获得他人的信任与尊重。

诚实是一种真实、坦诚的态度和行为，它能够建立起人与人之间的信任关系。《孟子》中有一则寓言："舜发于畎亩之中，傅说举于版筑之间，胶鬲举于鱼盐之中，管夷吾举于士。"这个寓言告诉我们，那些能坚持诚实的人最终都会得到社会的认可和赞许。然而，在现实生活中，有时候人们会因一时的私利而选择撒谎和欺骗。这种行为不仅伤害了当事人的感情，还破坏了社会的信任基础，往往会造成严重的后续影响。因此，我们应该坚持正直与诚实，在面对困难和诱惑时，始终保持真实和坦诚的态度。

2. 克制欲望与培养自律能力

欲望是人性的弱点之一，如果不能适度控制自己的欲望，就容易陷入道德沦丧的漩涡中。《大学》中有一句名言："修身齐家治国平天下。"这句话告诉我们，一个人首先要修身养性，培养自律能力，才能够做到家庭和谐、国家富强、天下太平。

克制欲望需要人们具备一定的自控能力。一个人应该控制自己的欲望，不要因为一时的贪婪而迷失了自己。在现实生活中，人们经常会面临各种各样的诱惑和欲望，比如物质的诱惑、权力的诱惑等。如果不能适度控制自己的欲望，就容易走上不归路。因此，我们应该培养自律能力，学会克制欲望，在面对诱惑时保持理智和冷静。

建立道德行为的积极习惯对于个人和社会的发展都具有重要的意义。首先，坚持正直与诚实的品质，可以树立良好的信任关系。在现代社会中，信任是社会稳定和发展的基石之一。只有坚守正直与诚实，才能获得他人的信任与尊重。其次，克制欲望与培养自律能力可以帮助个人实现自我约束和自我管理。在现代社会中，个人的成功与否往往取决于他们是否能够适应变化和克服困难。只有具备自律能力，才能在竞争激烈的社会中脱颖而出。最后，建立道德行为的积极习惯对于社会和谐稳定具有重要作用。道德行为不仅关乎个体的品质，也关乎整个社会的价值观和道德底线。只有建立起良好的道德风尚，才能使我们的社会更加和谐进步。

建立道德行为的积极习惯是我们每个人应该努力追求的目标。坚持正直与诚实以及克制欲望与培养自律能力是实现这一目标的关键。只有通过不断地学习和实践，我们才能够建立起良好的道德品质，为社会做出更大的贡献。

五、道德与现代社会

道德是人类社会发展过程中的重要组成部分，它是维系社会秩序和公平正义的基石。然而，随着科技的迅猛发展、个体主义和利己主义价值观的抬头，我们发现道德层面正面临着前所未有的挑战。为了应对这些挑战，我们需要通过道德教育、法律法规和道德引领等多重手段共同作用来提升整个社会的道德水平。

（一）科技发展对道德层面的挑战

随着科技的不断进步，人们生活水平得到极大提升，但同时也带来了一系列道德问题。首先，互联网和社交媒体的普及给人们提供了更多表达个人观点和行为选择的渠道，但也容易导致谣言传播、网络欺诈等问题发生。其次，人工智能技术的快速发展使得个人隐私受到更多威胁，例如个人信息泄露、面部识别等。最后，新兴科技如基因编辑、人工生殖等领域的发展，也给人类伦理道德带来了巨大考验。

（二）个体主义与利己主义对道德层面的挑战

随着现代社会的发展，个体主义和利己主义思潮日益盛行。追求自我价值和个人利益成为主要动力，而对他人的关心和尊重逐渐减少。这种个体主义和利己主义思潮在道德层面上表现为：缺乏互助精神、漠视他人需求、不负责任等。例如，在社会交往中，人们可能更倾向于利用他人以谋取自身利益，而忽视了对他人权益的尊重。

（三）道德教育作为解决道德层面挑战的基础

道德教育是培养社会成员良好道德品质的重要途径。通过教育，我们可以传授道德规范和价值观，引导个体形成正确的行为准则。首先，家庭应该是最早进行道德教育的地方。父母应该成为孩子道德行为的榜样，通过言传身教来引导孩子树立正确的价值观念。其次，学校教育也扮演着重要角色。学校应该注重培养学生的道德意识和责任感，可通过开设相关课程和活动来提升学生的道德素养。

（四）法律法规的必要性与作用

法律法规是维护社会秩序和公平正义的重要手段。面对道德层面的挑战，制定和执行相应的法律法规是必不可少的。通过明确行为规范和责任追究，可以对违反道德准则的行为进行惩罚和制止。例如，在网络领域，各国政府应加强网络安全立法，打击网络犯罪活动；在个人隐私保护方面，也需要建立完善的法律框架来规范数据收集和使用。

（五）道德引领与社会文化建设

除了道德教育和法律法规外，道德引领也是提升社会道德水平的重要手段。政府、媒体等具有一定影响力的机构可以发挥引领作用，通过宣传、倡导和示范来引导社会成员形成正确的道德观念和行为习惯。例如，政府可以加强道德教育宣传，在公共场所设置道德引导牌，提醒人们注意公共秩序；媒体应加强道德监督，报道正能量的事例和人物，引导社会关注道德问题。

　　面临科技发展、个体主义和利己主义等挑战,提升道德水平需要多方面合力。道德教育是根本,通过家庭和学校教育培养良好的道德品质;法律法规是保障,通过明确行为规范来制止违反道德准则的行为;道德引领是引导,通过政府、媒体等机构发挥影响力来塑造良好社会风气。只有综合运用这些手段,我们才能共同建设一个拥有高尚道德水平的社会。正如苏格拉底所说:"美德不仅仅是一种方式,而是一种生活。"让我们共同努力,以高尚的美德塑造美好的社会。

第八章

幸福与健康

一、何为健康

古希腊《幸福四要素》一文中说:"人皆有死,最重要的,第一是健康,第二是天生性情温和,第三是有一份并非来之不义的财产,第四是有一批朋友欢庆春光。"这里,把健康作为幸福四要素的首位,足以说明健康的重要性。没有健康,就没有幸福可言。

健康是人生重要的宝贵财富,是做好事业的首要条件,是人生幸福的重要保证。人的健康是生理健康和心理健康的统一,良好的健康状况和由此而来的愉快情绪,是人生幸福的基石。

健康包括身体健康和心理健康两个方面。

1948年通过的《世界卫生组织宪章》,开宗明义地写道:"健康乃是一种在身体上、精神上和社会上的完满状态,而不仅仅是没有疾病和衰弱现象。"这里明确地把人类的健康与生理健康、心理健康以及社会的因素联系起来。

健康包括两个方面的内容:一方面是主要脏器无疾病,身体形态发育良好,体形均匀,人体各系统具有良好的生理功能,有较强的身体活动能力和劳动能力，这是对健康最基本的要求；另一方面是对疾病的抵抗能力较强，能够适应环境变化，各种生理刺激以及致病因素对身体的作用。

传统的健康观是"无病即健康"，现代人的健康观是整体健康。世界卫生组织提出"健康不仅是躯体没有疾病，还要具备心理健康、社会适应良好和有道德"。因此，现代人的健康内容包括：躯体健康、心理健康、心灵健康、社会健康、智力健康、道德健康、环境健康等。

健康是人的基本权利。健康是人生的第一财富。

19世纪后半期，细菌生物学说、解剖生理学说逐渐发展，使医学史发生重大进步。人们在此基础上，发现人的健康和疾病不仅与人周围的物质因素有关，而且与人周围的社会因素有关，包括各种物质因素、社会因素、生理因素和心理因素等。

科学的健康观认为，健康所包含的生理和心理两方面的内容是密切联系、不可分割的。有关数据显示：目前，平均每30秒就有一个人罹患癌症；平均每30秒就有一个人罹患糖尿病；全国有1.6亿人患高血压；超重或者肥胖症患者近2亿人。因此，不要以为疾病离我们很远，更不要让身体健康埋有隐患。现代医学研究显示有超过75%的疾病与心理社会因素有关，可以说，健康的一半是心理健康，疾病的一半是心理疾病。心理健康的关键是管理个人的情绪，管理情绪的关键是控制个人的欲望，不妄想、不攀比、不妄言，树立正确的世界观、人生观、价值观。

总之，随着现代科学的发展，越来越使人们认识到想要幸福，健康至关重要。而健康或预防疾病，一方面要从身体上锻炼自己；另一方面也要从心理上锻炼自己，以适应周围环境，做好工作，实现其人生价值。

以下是世界卫生组织提出的身体健康10条指标：

第一，精力充沛，能从容不迫地担负日常生活和繁重的工作而不感到过分紧张和疲劳。

第二，处世乐观，态度积极，乐于承担责任，事无大小不挑剔。

第三，善于休息，睡眠好。

第四，应变能力强，能适应外界环境中的变化。

第五，能够抵御一般感冒和传染病。

第六，体重适当，身体匀称，站立时头肩位置协调。

第七，眼睛明亮，反应敏捷，眼睑不发炎。

第八，牙齿清洁，无龋齿，不疼痛，牙根颜色正常，无出血现象。

第九，头发有光泽，无头屑。

第十，肌肉丰满，皮肤有弹性。

健康包括身体健康和心理健康两个方面，只有身体和心理都呈现健康的状态，我们才能称为健康的人。因此，在日常生活中，我们在关心身体健康的同时，更要关注心理健康。

二、健康是人生的宝贵财富

健康是人生的宝贵财富，失去健康则失去幸福。健康是1，地位、权势、名誉、财富等则是1后面的0，前面的1没有了，后面的0都会失去意义。

作为新时代青年，不仅要德才兼备，还要身心健康，以健全的体魄、健康的心态投入工作。要加强自身修养，保持心灵健康，始终保持平衡心、平和心、平实心；要加强身体锻炼，保持强健体格；要培养健康情趣，保持操守品行，坚持做到不正之风不染，不净之地不去，不法之事不做，不义之财不取，始终保持高尚朴实的精神追求。

身体健康方能保证生命质量，有了健康的身体，才会有健康的生命，才会有幸福的物质条件，所以，身体健康是生命幸福的基础。身体健康是"生命之树的根"，有了根，生命之树才会枝繁叶茂，生机盎然，否则，生命之树就会枯萎甚至死亡。

身体健康是事业成功的基石。大学生作为具有较高人生追求的青年群体，优异的学业、成功的事业是其重要的人生目标，这些目标的实现程度是引发其产生幸福感的重要条件。若想实现这些人生目标，必须有健康的身体作为资本。

身体健康是大学生通往"幸福之家"的要道。"幸福之家"是身、心归依的宁静港湾，是爱情、亲情交融的温馨乐园。然而，这一切的一切，都离不开一个重要的条件：健康的身体。客观事实表明，倘若身体不健康，不仅个人遭受病痛的折磨，产生低落的情绪或自卑的心理，降低幸福感，还会给家庭带来生活压力、经济压力和精神压力，使家庭成员笼罩在焦急、恐惧、无奈的氛围中，影响家庭的生活质量，降低亲人的幸福感。

身体健康是大学生获得经济收入、提高生活质量的基础。身体健康就能参加社会劳动，就能获得劳动报酬，就能取得一定的经济地位和社会地位，就能获得友谊、享受劳动的快乐与幸福，就能参与激烈的社会竞争，实现人生价值。

总之，健康的身体虽然不能给人带来一切，但失去了健康，人便失去了一切。

随着我国经济的发展，人们对生活质量的追求日益增长，与此同时，在较快的生活节奏与社会发展变化下，心理压力与冲突也日益凸显，心理健康成为国家与人民日益关注的问题。

心理健康是指一种持续稳定的心理状态，个体生命在这种状态下能使自己在精神生活方面保持与社会和自身的和谐。幸福不完全取决于人的生活境遇，而主要取决于人对所处境遇的认知态度，"寒窑虽破能避风雨，夫妻恩爱苦也甜"就是很好的例证。即积极健康的心态是人感受幸福的重要前提。目前，我国多数大学生的心理是健康的，但也有部分大学生因悲观、焦虑、抑郁、孤独、恐惧等多种负面心理情绪而导致不同程度的心理失调，有的甚至发生自杀、杀他等极端悲剧。为此，根据大学生心理特点，有针对性地开展心理健康教育，以提高其心理健康水平，这对于提高大学生感受幸福的能力具有非常重要的现实意义。

心理健康既可以调节身体的生理机制，使其保持积极的活动状态，促进生理素质的提高，又能使人精神振奋，意志坚强，从而有效抵御和战胜心理疾病。心理健康有利于身体健康，而身体健康是幸福的源泉，所以，心理健康具有促进大学生幸福感生成的作用。

心理健康的人能够根据客观环境的变化随时调节心理状态，减少心理机能紊乱，以充沛的精力、积极的态度广泛接触社会，从事社会活动，从而增强社会适应能力，而社会适应能力强的人，往往幸福感也很强。一个精神世界更丰富、更深刻、更高尚的人和心态美好的人，他对客观环境、客观条件（包括个人的生活条件）的认识更科学、更宽广、更深刻、更准确；从而他的生活就会更丰富，他的自我感觉就会更美好，他就会变得更幸福。幸福是人的一种积极的心理体验，心理越健康就越能够捕捉和感受生活的快乐与幸福。

国际心理学大会曾提出心理健康的标准，其中有一条标准是具有幸福感。心理健康之所以能提高人们感受幸福的能力，是因为感受幸福的能力是人格结构中的一个特性，人格是独特的心理结构、动力组织和对环境的反应模式与生活状态。一个人格健全的人不仅善于感受日常生活中许多适度的欢乐，而且善于享受和体验最高层次的幸福。调查表明，在大学生感到幸福的九个要素中，"身心健康"排在第一位，说明身心健康对于大学生获得幸福的重要性。

三、健康是发展的重要前提

人生有一笔十分重要的资本，如果你今天不在乎它，那么明天你将无法在乎你今天在乎的一切——无论是名利，还是权力、地位、财富，这笔资本就是健康！人们要实现自己的人生目标，要干一番事业，至关重要的是要有一个健康的身心。

健康的身体是维持并延长生命的物质基础。人的自然寿命和人的幸福，与人的身体这个特殊物质基础密不可分，健康的肉体是人健康的重要物质基础和条件。心理健康是身体健康的保障；身体健康在很大程度上取决于精神的健康。人们要强健体魄，必须重视精神养生或心理卫生，即是指要以积极而正常的心理状态去适应环境，保持身心与环境的平衡，以增进人体的健康。

健康，是人生发展的重要前提，因为其他的一切都建筑在健康之上。有了健康，你才不用忍受疾病的折磨；有了健康，你才能专注于事业；有了健康，你才有可能去享受人类创造的所有物质文明与精神文明。所以，我们在艰苦奋斗，争取成功的征途中，务必要注意保持身心健康。

"身体是革命的本钱。""皮之不存，毛将焉附？"健康的身体是人生幸福的一切基础；健康的身体是人的生命的载体，生命依靠健康显示出一种活力；健康的身体是一个人从事学习、工作、生活的有力保障，有健康的身体生活才有希望，有希望才有一切。我们常说："身体健康是人生最重要的资本。"爱事业的人首先要珍爱自己的身体健康，爱家庭的人首先也要珍爱自己的身体健康，爱生活的人更要加倍珍爱自己的身体健康。身体健康就是最大的财富，只有拥有身体健康的本钱，才能创造出更加幸福美丽的人生。

叔本华告诉我们："在一切幸福中，人的身体健康胜过其他幸福，我们可以说一个身体健康的乞丐要比疾病缠身的国王幸福得多。"所以，珍爱生活的人一定要珍爱健康，身体健康是人一生的资本，不要等到失去它的时候才惊觉它曾经存在过、才懂得去珍惜。健康哪怕离开你一小会儿，你都会有很多深切的体验。健康如果永远地离你而去，你也许会觉得整个世界都是没有意义的，身体健康是人生幸福的基础，拥有健康身体你才会拥有幸福生活！

四、健康是人生幸福的钥匙

健康对于每个人来说都是至关重要的，只有当你有一个健康的身体，你才会有充足的精力和乐观的心态去面对人生的各种磨难。

三年抗疫，让人们懂得了生命的脆弱与健康的重要。生而为人，能健康地活着，是我们最大的幸福与幸运。因为身体健康才是幸福的根本，没有健康，一切都是徒劳的，健康是决定人生美好的准绳与前提。

健康是通向幸福的根基，是人生财富与成功的阶梯，一旦失去健康，即使你有再多的积蓄，有再多的房产，也生不带来死不带去。所以，金钱难买健康，幸福不在于名与利，人生最大的财富，在于有个健康的好身体。

人这一辈子，无论贫穷还是富有，除了健康，所有的大富大贵都是过眼烟云，都是浮华的东西，只有健康的身体才可以陪你走到终点，才可以让你如鱼得水，开心过好每一天。如若你整天病病歪歪，除了自己度日如年，也意味着一个家庭正面临着衰败。所以，不要不以为然。要知道健康是一种责任，是一个家庭幸福生活的保障，不管你在家中充当哪一个角色，只要身体好，家庭才会有欢乐的气氛，才有幸福可言。

健康和快乐密不可分。因为，健康是创造家庭平安的前提，是创造一切幸福的动力。只有善待、珍重自己的身心健康，将平凡的忙碌生活过成简单的生活，一家人平平安安，健健康康，才能赢得其乐融融；才能获得阖家幸福与温馨；只要一家老小平安无事，才是最大的幸运；只有好的身体，才能伴随你去创造更多的美好事物，才可以陪你享受生活的美好。

不要因不懂爱惜身体，而留下悔恨；不要等到病魔缠身，才知道健康的可贵。正所谓健康是金，健康是福，只有珍惜健康，享受健康，我们的生活才会充满雨露和阳光，家庭才会幸福温暖。因为健康是一切幸福快乐的源泉，不管是谁，都应该好好守护。只有健健康康地活着，才是目的，才最重要！

罗查·马尔腾曾经说过："拥有健康并不能拥有一切，但失去健康却会失去一切"。所以说，每个人都应该保证有一个健康的身体，这样你才能做到真正的幸福。

"如果没有健康，你的智慧就无法表露，你的才华就无法施展，你的力量就无法战斗,你的知识就无法利用。"有了身体和心理健康,才会拥有幸福的生活;有了身体和心理健康,才会拥有充满阳光的世界;有了身体和心理健康,才会拥有一份灿烂与辉煌。

五、如何保持健康,收获幸福人生

(一) 生命在于运动

人体是一个复杂的系统,是受大脑皮层控制的多种功能协调有序的有机整体。若这个整体正常运转,人就健康;否则其中任何一个环节不协调,机能状态失去平衡,人就会生病。

日本东京大学石川中博士提出理论:健康身体必须保持三个机能系统的平衡。第一个系统是维持生命活动的最基本机能系统,包括呼吸、循环、消化、性机能等;第二个系统是运动的机能系统,包括骨骼、肌肉、神经、五官;第三个系统是精神活动的机能系统,包括人的情绪、反应、意志、智力等。这三个系统要成为一个整体保持平衡,才能确保人的身心健康。

而运动可以保持身体机能系统的平衡,体育锻炼则是保证人体各种机能正常运转,不出问题并增强体质的法宝。

首先,体育锻炼能促进人体内的新陈代谢。适当的体育运动能够促进人体组织的气化功能,促进气、血等物质的新陈代谢和相互转化,维持体内气血平衡,从而增进人体健康。体育锻炼能提高人的吸氧能力,促进全身细胞的新陈代谢。健康的人,每天吸入的氧量要比吃食物和饮水量的总和还要多。人脑,其重量只占体重的2%~3%,血液供给量占全身的15%~20%,氧的消耗量占全身的25%。在常温下,缺氧4分钟,脑细胞就要受到损坏,超过10分钟,脑的损伤就很难恢复。所以,要加强体育锻炼,进行增氧呼吸,促使细胞的新陈代谢。

其次,体育锻炼调节心神,有效协调全身功能。人适当的运动对于心神是一种良性的刺激,能加强其对脏腑组织和其他组织的协调,从而使人体各项生理器官正常运转。生活实践证明，不少人经过适当的运动锻炼后深感精神振奋、思维活跃、反应灵敏、行动快捷、学习和工作效率都有所提高。

最后，体育锻炼能保障心脏的健康，保证血液的正常运行。人体内有大量的血液在血管中运行，依赖心脏的正常搏动输送到全身。而心脏的这种搏动又依赖于气的推动，以维持心脏的搏动力量、次数及节律，保持血液在体内的正常运行，濡养全身。适当运动的人能有效地提高心脏搏动的力量、次数和节律，促使心脏血脉的功能增强，使血液流畅，从而达到增进健康的目的。

除上述三个方面讲的体育锻炼可以促进人的健康外，它对人健康的作用还表现在许多方面：适当体育运动能使呼吸功能加强，人体供氧充足，人体的气机升降正常，人体得到更多的营养，从而收到增进健康的效果；促进胃肠道的蠕动和消化液的分泌，使消化和吸收功能增强，使食物中的营养被脏腑组织所吸收；脾胃健旺，营养物滋养全身从而体质增强；适当运动能使精神放松，消除失望、沮丧情绪，提高人们的良好心境，促进内分泌等系统的功能，使人身体健康、精神饱满、愉快和幸福。

（二）保持良好情绪

什么是情绪？情绪是指人们对客观事物的态度体验，即喜、怒、忧、思、悲、恐、惊，它们伴随人的外部表情和生理基础。积极愉快的情绪，会给人们带来欢乐、喜悦和幸福，促使人活力增加，不断进取，对事业充满热情，有利于健康；消极的情绪，则会给人们带来烦恼、悲观和失望，降低活力，使人对事业漠不关心，精神不振，危害健康。保持良好的心态和情绪是一个全面的、长期的过程。可以采用以下几种方法来进行调节：

第一，好的心态。一个人需要保持一个好的心态。如果我们情绪出现不稳定的情况，要注意调整好自己的心情和心态，这样才能更好的应对日常的工作和生活。当我们心情不好的时候，可以打开窗户，深呼吸新鲜空气，这样可以放松一下；还可以选择一些自己感兴趣的事情去做，将自己的主要精力放在更有价值、更感兴趣的事情上面去，这样才能够有效缓解心理压力，也能让自己转移注意力。比如，适当的跑步、和自己喜欢的人逛街、看电影、听相声等，这些方法都是很有效的。

第二，思考原因。当我们因为某种原因，表现出不愉快情绪的时候，需要仔细分析一下其中的因素，然后找出缓解情绪的方法。其实，我们有时候需要一种逆向思维。

第三，多去阅读。阅读能够有效解决人们情绪不愉快的问题。阅读还能够使人的内心逐渐平静下来，可以培养一种信心和耐心，思考文字的力量和所蕴含的人生哲理。

第四，可以参加户外活动。户外活动能够有效地放松人们的心情，保持稳定的情绪。当你与大自然接触的时候，闻到花儿散发出来的阵阵清香的时候，人的心情也会愉快很多。当自己有很多的负面情绪时，可以适当地运动，如跑步、游泳、打羽毛球、打乒乓球，这些运动可以有效缓解烦躁、焦虑、压抑等负面情绪，每周应该做两次以上的有氧运动，尤其是要让自己出汗。这些方法都是有效的，但是一定要选择适合自己的活动再去做。

第五，多与人们交流。在生活和工作中，人们难免会遇到一些不愉快的事情，我们可以经常进行交流和沟通，这样能够有效缓解一些烦躁情绪。此外，交流还能加深彼此的友谊和情感。当自己觉得压力比较大、心情烦躁的时候，可以适当和自己的家人、朋友、同学、同事等进行交流沟通，寻求他们的理解和帮助，尤其是寻求家人的鼓励和包容，只有寻求家人的支持和鼓励，才能够有效地缓解不安全感、无支持感等问题。只有良好的社会支持系统才能够让自己有非常大的自信，最后寻找到安全感。

因此，我们要对自己的心理活动和情绪体验有较强的敏感性，时常关注自己的情绪变化，只有做到及时排解，我们才能保持良好的情绪，拥有健康的身体和心理。

(三) 筑牢心理健康防线

在中国科学院心理研究所发布的心理健康蓝皮书《2022年中国国民心理健康报告》中，对近8万名大学生的心理健康状况进行了调查，发现抑郁和焦虑风险的检出率分别是21.48%和45.28%。

过着校园生活的大学生本应无忧无虑的，为什么抑郁问题如此严重？他们到底都在愁什么？为什么而愁？这值得全社会关注和重视。

另一项发表在《心理学前沿》的研究，调查了全国43个城市、23所大学，共计10万名大学生的心理健康状态，平均的心理障碍患病率为22.8%。国内一项研究表明，有73.2%的大学生存在着不同程度的心理压力，其中对心理健康影响最大的当属学业压力和不确定性压力。

当代大学生，面对高强度的学习、家长的过度保护、生活经历的缺乏，这些因素使这些学生心理脆弱、缺乏挫折承受力。在生活中遇到小小的挫折足以使他们中的一些人难以承受，以至于出现心理疾病。从环境因素看，竞争的加剧、生活节奏的加速，使人产生了时间的紧迫感和压力感。社会的变革给正在成长的大学生带来的心理冲击比以往任何一个时代都更强烈、更复杂。

关于大学生的心理健康问题，其关键点在于，大学生本身要对自身的心理健康问题给予足够的重视，筑牢自身的心理健康防线。

第一，树立正确人生观、世界观和价值观。树立正确的人生观、世界观有利于大学生确定积极的人生目标，积极的人生目标往往能提高大学生承受压力与挫折的能力，保持积极乐观的精神，并使大学生懂得生命存在的意义。树立正确的人生观和世界观有助于大学生科学地认识社会，对人生采取适当的态度和行为，并正确体察和分析客观事物，做到冷静而稳妥地处理各种事情。树立正确人生观有益于塑造健康的人格。具有正确的人生观和世界观的大学生能敏锐而客观地认识世界，在工作中富有创新和开拓精神，敢于并乐于把爱慷慨地献给他人与社会。

第二，要有健全的自我意识。首先，要保持一个清醒的头脑，对自我有一个全面清晰地认识。一个人只有对自己有了清楚的认知，才能发现自己的优点所在和缺点所在。与此同时，也会发现自己适合做什么，不适合做什么。其次，要有容我的胸怀。这包括两方面：一方面是能容得下自己的优点，即容优；另一方面是能容得下自己的缺点，即容缺。容优，是要以一种谦虚的姿态看待自身的长处。容缺，是要以一种诚实、豁达的心态对待自身的不足。只有多角度地去审视自我，才不会错估自己的实力。最后，要有容人的魄力。古人云：海纳百川，有容乃大。一个人若是能有海一样的气魄，去为人处世，去包容一切，日后肯定会有不俗的成绩；若反之，也是可以预见其结果的。

第三，要树立积极的心态。快乐是一天，不快乐也是一天，你会选择怎么度过？当然是要快乐的过。其实，快乐是积极心态的一种外在表现形式。当一个人快乐时，他的神经处于亢奋状态，做什么事都会有激情，而且会把做事情（如工作、学习等）当作一种享受。试问，在这种情况下事情怎会做不好呢？而且我们知道情绪是会传染的，当我们以积极的心态去对别人的时候，别人反馈给我们的也是一种积极的信号；反之，我们的心情只会更加低落。我们经常听到一句话叫做：态度决定一切！这句话值得我们大学生去深思。

第四，要正视现实，适应环境。所谓正视现实就是应以较为可观、全面、公允、客观、不偏执的态度对待周围事物，不脱离实际来谈自己的发展。我们每个人在这个世界上生活，都是处在某一个具体的环境中。你可以改变环境，但你不可能超越你所处的环境，这一点是首先要明确的，所以，对于所处环境无论好坏，我们要做的第一件事就是要适应。达尔文在他的《物种起源》中得到一个结论：物竞天择，适者生存。在自然界中，只有足够顽强的生命体才有资格生存下去，所以，环境是不会因为你的不适应而改变去适应你的，它是不会可怜你的。因此，当我们面对一些特定的环境时，就应该理智、客观、全面地分析哪些条件是自己可以利用的，哪些是不可以利用的，哪些是可以改变的，哪些是不可以改变的。可以利用和改变的就为己所用，利用不了和改变不了的就要面对、接受和适应。马克思有一句话说：在框架的限制中寻找自由。所以，大学生应该把自己放在社会的大环境中为自己的发展定位，一旦发现自己的需要和愿望与社会的需要规则、集体的利益等发生冲突时，就要重新考虑修改自己的计划，以谋求真正有效的发展。

第五，要讲究学习方法。笛卡尔曾经说过：没有正确的方法，即使有眼睛的博学者也会像瞎子一样摸索。现代的文盲不是不识字的人，而是不会学习的人。所谓学贵有恒，妙在得法，对当代大学生来说，掌握熟练的学习方法是其学习心理成长的关键。大学生的学习方法有很多，而且因人而异。

第六，要建立和谐的人际关系。有人说，在一个人的成功中，专业知识占15%，人际关系占85%。可见，人际关系对一个人的成功是非常重要的，所以，处理好人际关系对于大学生来说也是在校期间必须要做的。在社会生活中，良好的人际关系可以帮助我们消除孤独感，获得安全感。由于学生中有相当多的独生子女，而且高中阶段都采用"孤军奋战"式的学习方法，很多学生不善于和他人相处。在调查中了解到的学生抑郁和焦虑心理产生的原因，有相当大的比例是因为没有处理好与同学的关系。因此，要教育学生善意地和他人相处，多一些真诚的赞美和鼓励，不要轻易怀疑他人，甚至轻视、厌恶他人；要尊重他人、信任他人，注意倾听对方的谈话，不把自己的意志和见解强加于人，既乐于助人，也坦然接受别人的情感和帮助。实践证明，有好的人际关系就会有好的心情。因此，学校应鼓励学生开展各种有益的社团活动，让学生通过参与社会活动和社团活动，和更多的人交往，在交往中培养良好的人际交往能力。

第七，培养多项兴趣爱好。学校要做好培养和发展大学生丰富的兴趣爱好的工作。经常组织和鼓励学生举办、参加各种校内活动，开展形式多样的文艺和体育活动，丰富他们的课外生活，加强大学生与人的沟通和交往能力。激发他们热爱生活、自强、自信的热情。这样可以更好地为大学生减轻学习生活中的压力，为他们的心理健康发展营造一个良好的校内环境等。

只有筑牢心理健康防线，才能拥有健康的心理，才能为幸福的人生打下坚实的基础。

第九章

幸福与人际

一、何为人际

（一）定义人际关系

人际关系（Interpersonal relationships）是指人与人之间，在一段过程中，彼此借由思想、感情、行为所表现的吸引、排拒、合作、竞争、领导、服从等互动关系；广义地说亦包含文化制度模式与社会关系，主要表现为人们心理上的距离远近、个人对他人的心理倾向及相应行为等。

（二）人际关系的构成要素

人际关系是人类社会中不可或缺的一部分，它涉及个体与个体之间的互动和交流。在构成人际关系的要素中，包括了情感、沟通、信任和共同利益等多个方面。这些要素相互作用，相互影响，塑造了一个个独特而复杂的人际关系网络。

1. 互动与交流

沟通是构成人际关系不可或缺的要素之一。沟通是交流思想、分享信息和表达意见的方式。正如柏拉图所说："语言是思想的镜子。"通过沟通交流，我们可以更好地理解他人，并且获得更多的信息。在人际关系中，有效的沟通可以避免误解和冲突，增进相互之间的理解和信任。然而，要实现有效的沟通并不容易，它需要我们倾听他人、表达自己，并且尊重彼此的观点。

2. 信任与尊重

信任是构成人际关系的基石。信任是指对他人的可靠性和诚实性的信赖。在《资治通鉴》中，司马光说："人不可无信。"这句话告诫我们在人际关系中要保持诚实。只有建立在信任基础上的关系才能够长久地发展和稳固。然而，信任是需要时间来积累的，一旦失去了信任，彼此之间的关系可能会受到严重的伤害。因此，我们应该信守自己的承诺，遵守道德规范，并且不断努力建立和加强彼此之间的信任。

3. 合作与支持

共同利益也是构成人际关系的重要要素之一。共同利益是指个体之间在特定目标或者活动中所能够获得的利益。在《论语》中，孔子曾说："己所不欲，勿施于人。"这句话强调了互相尊重和互利共赢的重要性。当人们在合作和共同努力中获得共同利益时，他们的关系会变得更加紧密和持久。因此，在人际关系中，我们应该学会协商和妥协，寻求共同利益，并且避免利己主义的行为。

4. 理解与共情

情感也是构成人际关系的重要要素之一。情感可以是友谊、亲情、爱情等各种形式。在《论语》中，孔子曾说："与朋友交，言而有信。"这句话强调了情感中信任和诚实的重要性。当人们彼此信任并且真诚对待时，他们的关系会变得更加稳固和持久。因此，建立情感上的联系和培养良好的人际关系需要我们付出真心和耐心。

除了以上所述的要素，人际关系的构成还受到文化、价值观和社会环境等因素的影响。不同的文化背景和价值观会影响个体对待人际关系的态度和行为方式。例如，在一些东方文化中，尊重长辈和保持谦虚是非常重要的价值观；而在一些西方文化中，个人独立和自主的价值观则更受重视。社会环境也会对人际关系产生深远影响，例如经济发展水平、政治制度和社会结构等都会影响个体之间的互动和交流方式。总之，人际关系的构成要素包括情感、沟通、信任和共同利益等多个方面。这些要素相互作用，相互影响，塑造了一个个独特而复杂的人际关系网络。在建立和维护良好的人际关系过程中，我们应该注重情感的培养、有效的沟通、信任的建立和共同利益的寻找。只有通过不断努力，我们才能够建立稳固而持久的人际关系，并且从中获得更多的成长和快乐。

(三) 影响人际关系的因素

1. 个体因素

人类是社会性动物，我们依赖与他人建立联系和交流来满足我们的情感需求，并实现个人和集体的目标。然而，每个人都有独特的性格特质和态度，这些特质和态度对我们与他人的相处方式产生了重要影响。通过研究个体特质对人际关系的影响，我们能够更好地理解人类互动中的一些模式和障碍，并寻找改善人际关系的方法。

(1) 外向性格对人际关系的积极影响

外向性格的个体通常善于与他人建立联系，他们喜欢交往并乐于分享自己的想法和经验。据心理学家卡尔·荣格（Carl Jung）所言，"外向者倾向于从外部世界获得能量，他们通过与他人交流来恢复精力"。因此，外向性格的人在社交场合中往往表现得更加自信、开朗，并且更容易与他人建立起亲密友好的关系。

(2) 内向性格对人际关系的挑战

与外向性格不同，内向性格的个体更喜欢独处并从内部世界获得能量。这种性格特质可能会给他们与他人交流带来一些困难。然而，研究表明，内向性格的人在处理日常社交情境中表现出更多的思考和理性，这使得他们在一些领域具有独特的优势。尽管如此，内向者仍然需要克服一些社交焦虑和沟通障碍，以便更好地与他人建立联系。

2. 文化因素

文化背景是一个人成长过程中不可忽视的一部分，它贯穿于个体的方方面面，从思维方式、价值观念到行为习惯，都深刻地受到文化背景的影响。而人际关系作为社会生活中不可或缺的一部分，也不可避免地受到文化背景的塑造和影响。文化背景对人际关系的影响主要体现在沟通方式、交往习惯和冲突处理等方面。不同文化背景下的人们对待沟通的方式各有差异。在东方文化中，人们更加注重含蓄和间接的沟通方式，善于借助非语言和微妙的表情来传递信息。而在西方文化中，人们更加直接、坦诚地表达自己的意见和情感。这种差异可能导致东西方人们在交流中产生误解与隔阂。因此，文化背景对人际关系产生着重要而复杂的影响。不同文化背景下的人们在沟通方式、交往习惯和冲突处理等方面存在明显差异。通过引经据典以及相关理论的阐述，我们可以更好地理解和认识不同文化背景下人际关系的多样性，并在日常生活中更加包容、尊重和理解他人。只有在平等、和谐的人际关系中，我们才能实现个体与社会的共同发展和进步。

二、人际对于人生的意义

（一）人际关系与个体成长

人是社会性的动物，而人际关系则是构建社会关系的基石。在我们的一生中，我们将与许多人相遇、相处，这些人将对我们的成长产生深远的影响。家庭、友谊和爱情无疑是我们建立和维系这些关系的重要方面。通过对这些关系的探索和理解，我们可以更好地了解自己，实现个人成长。

1. 家庭关系

家庭是每个人成长过程中最早接触的社会单位，也是我们最亲密、最真诚的伙伴。家庭不仅提供了物质上的支持，更重要的是给予了我们情感上的依靠和支持。正如古希腊哲学家亚里士多德所说："家庭是一个人最重要的社交组织。"在一个和谐幸福的家庭中，我们可以感受到父母之间的相互关爱和尊重，兄弟姐妹之间的友爱互助。这种家庭环境为我们树立了正确的价值观和道德观念，培养了我们积极向上、乐观向善的性格。同时，家庭也是我们学习人际交往和解决冲突的场所。在与家人相处的过程中，我们学会了倾听、包容和理解他人，这些都是建立良好人际关系的关键。

2. 友谊关系

友谊是人际关系中非常重要的一个方面。友谊可以给我们带来快乐、支持和鼓励。亚里士多德曾说："友谊是生活中最需要和最美好的东西。"友谊不仅能够满足我们的社交需求，而且能够帮助我们成长和改善自己。通过与朋友分享喜怒哀乐，我们可以更好地了解自己，并从中发现自己的优点和不足之处。同时，朋友也会给予我们真诚的建议和评价，帮助我们认识到自己的盲点，并促使我们不断进步。友谊还可以培养我们的同理心和包容心，让我们学会关心他人、理解他人，并从中获得情感上的满足。

3. 爱情关系

爱情是人际关系中最为复杂而又强大的一种形式。爱情可以给予我们无尽的力量和鼓舞，也可以让我们感受到深深的幸福和满足。然而，爱情也是充满挑战和考验的。爱情不仅需要我们付出真诚的感情，更需要我们学会沟通、理解和包容。爱情可以激发我们内心最美好的一面，但也可以暴露出我们最脆弱的一面。正如莎士比亚所言："爱情是盲目的"，它可以使我们陷入热恋的迷幻中，也可以使我们承受分离和失望的痛苦。然而，只有通过爱情的考验和磨砺，我们才能够成长为更加坚强、成熟和有责任感的人。

总之，在人际关系中，家庭、友谊和爱情都是我们个人成长中不可或缺的元素。家庭是我们最早接触到的社会单位，通过家庭的影响，我们可以建立正确的价值观和道德观念。友谊可以给予我们快乐和支持，并培养我们的同理心和包容心。爱情是复杂而强大的力量，它可以激发我们内心最美好的一面，但也需要我们学会面对挑战和困难。通过与家庭成员、朋友和爱人的相处，我们可以更好地了解自己，实现个人的成长与进步。正如莎士比亚所言："人际关系是一种艺术，需要我们不断学习和改进。"让我们珍惜与他人的每一次相遇和相处，用爱与关怀建立更美好的人际关系，实现自己的个人成长。

（二）人际关系与社会互动

每个人都生活在一个复杂的社会网络中。人际关系的质量和社会互动的方式直接关系到个体的幸福感和社会的稳定发展。在现代社会中，人际关系的发展和社会互动的多样化已经成为推动社会进步的重要力量。因此，合作促发展、包容促多元已经成为当今社会互动的重要原则。

1. 合作与互助

合作是一种重要的社会互动方式，它能够促进个体和社会的共同发展。合作是指不同个体之间在共同目标下进行协调与配合，实现资源共享、信息交流和任务完成的过程。合作可以存在于各个层面，不论是家庭、学校还是工作场所，都需要通过合作来实现更高效的工作和达到更好的生活质量。同时，合作也是推动科技创新和社会进步的关键因素之一。众所周知，科学研究往往需要各个领域专家之间的协同合作才能取得突破性进展。例如，诺贝尔奖获得者克雷格·莫洛和亨特·古尔丹等人的合作研究使得基因编辑技术 CRISPR-Cas9 得以应用于生物医学领域，极大地推动了基因治疗和疾病预防的发展。因此，合作不仅能够促进个体的发展，还能够推动社会的进步。

2. 文化交流与多样性

包容是实现社会互动多元化的关键。包容是指对不同文化、价值观和思维方式的尊重和接纳，它能够促进社会互动的多样性和创新性。在一个多元化的社会中，人们具有不同的背景、经历和观点。如果每个个体只接受自己所熟悉和认同的事物，那么社会就无法实现真正的进步。相反，通过包容不同观点和多元文化的存在，我们可以从中获得更广阔的视野和更丰富的经验。例如，在商业领域中，企业往往通过招聘具有不同背景和技能的员工来提高创新能力。这些员工带来了不同的思维方式和创意，为企业带来了新的机遇和竞争优势。此外，包容也是实现社会和谐的基石。当我们能够尊重他人的不同并与之和平共处时，社会将会更加稳定和谐。

然而，在现实生活中，合作促发展、包容促多元的理念并非总能得到充分的重视和实践。在某些情况下，一些人可能选择竞争而非合作，试图通过排除他人来获得更多的资源和机会。这种零和游戏的思维方式往往导致资源的浪费和社会的不稳定。此外，一些人可能对于不同文化或观点持有偏见态度，拒绝接受多元性，导致社会互动的单一化和僵化。因此，我们需要以积极的态度去推广合作与包容的理念，并为之付诸实践。

为了促进合作和包容，我们可以采取以下措施：首先，教育是培养合作意识和包容心态的最重要途径之一。学校应该注重培养学生的团队合作精神和接纳不同文化的能力，为他们提供广阔的视野和交流平台。同时，家庭也应该注重培养孩子的合作意识和包容心态，从小教育他们尊重他人、接纳不同的文化。其次，政府和社会组织应该鼓励和支持跨领域的合作项目，为不同背景的个体提供机会和平台，促进资源的共享和创新的产生。同时，政府还应该制定相关政策，保护少数群体的权益，促进社会的多元发展。最后，媒体在传播信息的过程中应该注重公正、客观和平衡，避免偏见和歧视的存在，倡导包容与多元。

总而言之，人际关系与社会互动是现代社会发展的重要因素。通过合作促发展、包容促多元，我们能够实现个体和社会的共同进步。然而，在实践中仍然存在一些挑战，我们需要以积极的态度去推广合作与包容的理念，并为之付诸实践。只有这样，我们才能够建立一个更加稳定、和谐和繁荣的社会。

三、人际与幸福的关系

(一) 人际关系对幸福的影响

人际关系是我们生活中不可或缺的一部分，它对我们的幸福感有着深远的影响。家庭和朋友的支持以及社交媒体在维系和发展人际关系方面扮演着重要的角色。以下将探讨这些因素如何影响我们的幸福感，并引用相关研究来支撑此观点。

1. 社会支持与幸福感：来自家庭、朋友的支持

家庭是我们生命中最重要的一部分，家人们的支持和爱意味着无尽的幸福。无论是在困难时刻还是成功时刻，家庭都是我们最坚实的后盾。研究表明，家庭支持对个体的幸福感具有积极影响。首先，家庭关系对个体心理健康至关重要。一项发表于《心理学报告》杂志上的研究指出，家庭亲密度与个体幸福感之间存在显著的正相关关系。一个温馨和谐的家庭环境能够提供安全感和归属感，从而促进个体的幸福感。其次，家庭支持还对个体应对压力和逆境具有积极作用。根据《社会心理学与人际关系》杂志上的一项研究指出，家人的支持能够减轻个体面临挑战时的负面情绪，提升其应对能力。这种支持可以是情感上的安慰、经济上的援助或者实质上的帮助，它们共同构成了一个稳定的支持系统，使个体感到被关心和被支持。

除了家庭，朋友也是我们生活中不可或缺的一部分。与家庭不同，朋友是我们自己选择的，他们给予我们情感支持、理解和分享快乐的能力。朋友之间的互动对我们的幸福感有着重要影响。研究表明，社交支持可以显著提高个体的幸福感。在一项发表于《幸福学》杂志上的研究中，研究人员发现，与朋友相处可以增加个体的积极情绪和快乐感。这种积极情绪可以通过分享喜悦和共同经历来获得，而这正是朋友关系所提供的。此外，朋友关系还能够为个体提供支持和帮助个体克服困难。一项发表于《人际关系研究》杂志上的研究指出，朋友的支持可以减轻个体在面临挑

战时的压力和负面情绪。朋友之间的互助和支持可以激发个体内在的力量，使他们变得更加坚强和自信。

2. 社交网络与幸福感

随着科技的发展，社交媒体成为我们日常生活中重要的一部分。它不仅改变了人们之间的交流方式，也对人际关系及幸福感产生了深远影响。

一方面，社交媒体为人们提供了更广阔的社交圈子。通过社交平台，我们可以结识来自世界各地的人，并建立起新的友谊和联系。根据一项发表于《信息系统前沿》杂志上的研究指出，与更多朋友保持联系可以增加个体的幸福感。这种联系不仅可以扩展个体的社交网络，还可以让他们感到被接纳和支持。另一方面，社交媒体也存在一些负面影响。有研究表明，过度使用社交媒体可能导致孤独感和自我评价的下降。《心理学与健康》杂志上的一项研究发现，过多浏览社交媒体上的照片和状态更新可能引发人们对自身形象的不安和不满。此外，社交媒体上的虚拟关系可能缺乏真实性和深度，这可能导致个体在现实生活中感到孤独和失落。

人际关系对我们的幸福感至关重要。家庭和朋友的支持能够为我们提供情感支持、帮助和理解，这对个体的心理健康和应对能力具有积极影响。同时，社交媒体为我们提供了更广阔的社交圈子，但也需要注意其负面影响。因此，我们应重视和维系好家庭和朋友的关系，并适度使用社交媒体。

(二) 幸福感对人际关系的积极影响

幸福感是人类追求的终极目标之一，它是指个体对自身生活满意度和快乐感的主观评价。然而，幸福感不仅是个体内心的感受，还与人际关系的品质息息相关。以下将探讨幸福感对积极情绪和人际关系质量的积极影响：

1. 积极情绪和幸福感的相互关系

《论语》中有云："知之者不如好之者，好之者不如乐之者。"这句话表明快乐是人们追求的最终目标。而幸福感作为体验快乐的一种内在状态，能够带给人们持久的愉悦情绪。心理学家马斯洛提出了著名的需求层次理论，其中包括了需求层次中最高级别的自我实现需求。而幸福感正是在满足了底层的生理需求、安全需求和社交需求后才能得到实现。因此，幸福感也与满足感密切相关。

心理学家弗雷德里克森认为，积极情绪有助于提高个体的沟通能力；积极情绪使人们更加开朗、乐观，更容易与他人建立联系并表达自己的想法和感受。《诗经》中有"妻子好合，如鼓瑟琴。兄弟既翕，和乐且湛。"之语，说明人际关系的建立离不开相互合作和共享。而积极情绪能够激发人们的合作欲望，增进彼此之间的信任和友谊。

2. 幸福感对人际关系质量的影响

心理学家弗洛伊德认为，个体的幸福感与他们在亲密关系中的满意度有着密切的关系。幸福感使个体更有能力与他人建立深层次的情感联系，从而促进亲密关系的形成和维持。亚里士多德在《尼各马可伦理学》中提到："友谊是生活中最重要的事情之一。"而幸福感作为人际关系质量的重要指标，能够促进友谊的发展和维持。

幸福感对人际关系的积极影响不容忽视。它不仅带来积极情绪，增强个体与他人之间的沟通能力和合作意愿，还能促进亲密关系和友谊的建立。因此，我们应该重视自己和他人的幸福感，并通过培养积极情绪来提升人际关系的质量。

四、如何从人际关系中获得幸福

（一）建立积极的人际关系

人际关系是我们与他人相互联系、相互作用的一种社会关系。积极的人际关系对个人的心理健康和全面发展具有至关重要的意义。无论是亲密的友谊，还是良好的家庭关系，都建立在相互尊重、信任和理解的基础上。

1. 建立亲密的友谊

与朋友之间最重要的品质之一就是坦诚相待。只有通过真实地表达自己的想法和情感，我们才能与朋友建立起深厚的信任和了解。

共同兴趣是维持友谊的重要纽带。亚里士多德曾言："友谊是一个灵魂寄宿在两个身体里。"只有通过分享共同的兴趣和爱好，我们才能与朋友之间建立起深入的情感联系，并共同成长。关心体贴是友谊中不可或缺的因素。亚里士多德曾说："友谊始于彼此关心。"只有通过关心他人的需要和情感，我们才能更好地理解并回应朋友的需求，从而加深友谊。宽容和包容是维持友谊的重要原则。圣经中记载："要用爱心彼此相待，宽容忍耐。"唯有通过宽容对待朋友的错误和缺点，我们才能真正实现友谊的长久和稳定。主动交流是建立积极人际关系的基础。只有通过主动与他人交流，我们才能更好地了解对方的需求、愿望和困惑，从而建立起更紧密的友谊。

2. 培养良好家庭关系

相互尊重是构建良好家庭关系不可或缺的核心价值观。只有通过相互尊重家人的意见、权益和人格，我们才能建立起和谐稳定的家庭关系。沟通与倾听是家庭关系中必不可少的要素。只有通过耐心倾听家人的感受和意见，我们才能更好地理解并满足彼此的需求，从而促进家庭关系的良性发展。共同目标是家庭关系的重要纽带。只有通过共同制定并追求家庭的共同目标，我们才能更好地团结一致，共同面对挑战。相互支持是构建良好家庭关系的基石。只有通过相互支持，家人在实现自己梦想和克服困难时，我们才能真正实现家庭关系的和谐稳定。时间共享是家庭关系中不可或缺的要素。只有通过共同度过家庭时光，我们才能更好地加深亲情，增进家庭成员之间的联系。

积极的人际关系对于个人和社会的发展具有重要意义。无论是亲密的友谊还是良好的家庭关系，我们都应该坚持相互尊重、信任、理解和支持。只有通过坦诚相待、共同兴趣、关心体贴、宽容包容和主动交流，我们才能与朋友建立起深厚的友谊。另外，相互尊重、沟通与倾听、共同目标、相互支持和时间共享也是构建良好家庭关系的重要因素。只有通过真心付出和经营，我们才能建立起积极健康的人际关系，实现更加美好的幸福生活。

（二）倡导积极的沟通方式

在当今社会，沟通是我们生活中不可或缺的一部分。然而，我们常常忽视了沟通的重要性如何通过积极的沟通方式来建立更好的人际关系。本文将探讨倡导积极的沟通方式的重要性，并提出倾听他人和表达自己真实想法的方法。

1. 倾听他人

在日常生活中，我们经常与各种各样的人进行交流。然而，我们是否真正听懂了对方的意见和想法呢？事实上，倾听是一种重要的沟通技巧，倾听能够增强人与人之间的理解和信任。首先，倾听可以帮助我们更好地理解他人。当我们真正倾听他人时，我们会更加关注对方所说的内容，并努力理解他们的观点和感受。通过倾听，我们可以获得更多有关对方内心世界的想法，从而更好地了解他们。其次，倾听还有助于建立信任和亲密度。当我们展示出对他人意见和感受的兴趣并认真倾听时，我们传达了一种重要的信息：我们关心对方，尊重他们的意见，并愿意与他们建立联系。这种信任和亲密度是建立良好人际关系的基础。那么，如何才能更好地倾听他人呢？首先，我们需要专注于对方所说的内容，避免分心或中断。其次，我们可以通过肢体语言和眼神交流来表达出我们的关注和理解。最后，我们可以通过提问和回应来进一步深入了解对方的想法和感受。

2. 表达自己真实想法和感受

除了倾听他人，表达自己真实想法也是积极沟通方式的重要组成部分。通过表达自己的真实想法，我们可以更好地与他人建立联系，并促进问题的解决和合作。首先，表达自己真实想法有助于建立诚信和透明度。当我们坦诚地表达自己的观点和感受时，我们向他人展示了一个真实、可信赖的形象。这种诚信和透明度能够增加彼此之间的信任，并减少误解和猜测。其次，表达自己真实想法有助于问题的解决和合作。当我们将自己的观点和意见清楚地传达给他人时，我们能够更好地与他们进行共同思考和讨论。通过合作和协商，我们能够找到解决问题的最佳方法，并共同努力实现共同目标。那么，如何才能更好地表达自己的真实想法呢？首先，我们需要对自己的观点和感受有清晰的认识，并用简洁明了的语言来表达。其次，我们可以使用积极而非攻击性的语言，避免引起争端或冲突。最后，我们可以选择合适的时机和场合来表达自己的想法，以确保信息能够得到理解和接受。倡导积极的沟通方式是建立良好人际关系和解决问题的关键。通过倾听他人和表达自己真实想法，我们可以增强相互之间的理解、信任和合作。因此，在日常生活中，让我们努力倡导积极的沟通方式，并成为一个有效的沟通者。

（三）建立正向关系模式

在当今社会，人际关系的质量对每个人来说非常重要。建立正向的社交模式，包括真诚的赞美、培养宽容和原谅的能力，对于促进人际关系的和谐与稳定具有重要意义。

1. 鼓励和赞美他人

赞美是人与人之间最基本的交流方式之一。赞美是一种尊重和鼓励他人的方式，能够帮助我们建立良好的人际关系。真诚的赞美需要从内心发出，真实表达出对他人优点和成就的认可。如同庄子曾经说过："吾生也有涯，而知也无涯。"每个人都有自己独特的优点和才华，通过真诚的赞美，我们可以更好地激发他们的潜力，并且增强彼此间的信任和亲近感。

真诚的赞美也需要适时和恰当地给予。适时的赞美可以让对方感受到重视和鼓励，同时能够提升自己在人际交往中的形象和影响力。

2. 培养宽容和原谅的心态

宽容是一种包容、理解和接纳他人的态度。佛家有云："宽心以待他人，才能获得内心的平静。"宽容是建立正向社交模式的关键，它可以化解冲突、减少矛盾，并且促进和谐与稳定的发展。培养宽容的能力需要我们从自身出发。只有内心宽广、胸怀广阔的人，才能够真正理解和接纳他人的不同之处。如同《论语》中所说："君子坦荡荡，小人长戚戚。"一个真正宽容的人，能够以平和的心态面对他人的不足之处，并且愿意给予帮助和支持。宽容还需要我们学会换位思考。换位思考可以让我们更好地理解他人的感受和需求，从而更加容易接纳和包容他们的不同之处。培养原谅的能力需要我们拥有宽容和慈悲的心态。如同《左传》中所说："人非圣贤，孰能无过，过而改之，善莫大焉。"一个真正宽容和慈悲的人，能够在被伤害后选择原谅并且给予对方改过自新的机会。原谅还需要我们学会放下过去。放下过去可以让我们重新审视和评估他人的行为，并且从中找到原谅和重建信任的力量。

建立正向社交模式，需要我们从内心出发，用真诚的赞美赢得他人的尊重和信任；培养宽容的能力，让我们更好地理解和接纳他人的不同之处；培养原谅的能力，使我们能够释放过去的痛苦，重新建立健康和谐的人际关系。正如孔子所说："己欲立而立人，己欲达而达人。"只有通过建立正向社交模式，我们才能够更好地影响他人，并且成就自己更加美好的未来。

五、如何践行人际

（一）提升人际关系质量以增加幸福感

人际关系是我们生活中不可或缺的一部分，它们对我们的幸福感和整体生活质量有着深远的影响。然而，在现代社会中，由于各种原因，人际关系往往受到挑战和压力。为了提升人际关系的质量，增加幸福感，我们应该着重维护亲密关系、提高社交技巧，并培养支持性社交网络。

1. 发展和维护亲密关系

亲密关系是人际关系中最重要、最基础的一环。它涵盖了家庭成员、伴侣以及亲密朋友之间的联系。为了维护这些亲密关系并增加幸福感，我们可以从以下几个方面着手：首先，沟通是建立和维持亲密关系的基础。通过真诚且有效的沟通，我们能够更好地了解彼此的需求和期望，减少误解和冲突。例如，夫妻之间可以定期进行情感沟通，分享彼此的内心世界，增进感情，解决问题。其次，相互支持和尊重是亲密关系的重要组成部分。在困难和挑战面前，互相支持和鼓励可以增强彼此的信任和依赖。同时，尊重对方的独立性和个人空间也是维护亲密关系的关键。例如，家庭成员之间应该互相尊重对方的意见和选择，避免过度干涉。最后，共同建立积极的互动模式能够增强亲密关系。例如，夫妻可以培养共同的兴趣爱好，一起参加活动和旅行，增加彼此之间的互动和默契。这样的积极互动能促进情感上的连接，并帮助我们更好地理解对方。

2. 提高社交技巧和交往能力

除了维护亲密关系，我们还需要在社交中提高自己的技巧，以建立更多有意义且积极的人际关系。首先，积极主动地与他人交流是建立新人际关系的基础。我们应该学会主动与他人进行对话，并表达出真实的兴趣和关心。通过主动倾听和积极回应，我们能够建立起更加深入和真实的人际关系。其次，掌握良好的人际交往技巧是社交中不可或缺的一环。例如，学会与他人进行友善的问候、礼貌地表达意见和感谢、合适地使用身体语言等，都能够增进交流的顺畅度和效果。最后，培养自信心也是提高社交技巧的重要一步。自信心能够使我们更加放松自如地与他人交流，并在社交场合中展现出积极、开放和自信的形象。通过培养自信心，我们能够更好地吸引他人的注意力并建立联系。

3. 培养支持性社交网络

在现代社会中，我们身处于一个充满竞争和压力的环境中，而一个支持性的社交网络可以成为我们应对挑战和压力的重要资源。首先，亲密朋友和家人是构建支持性社交网络的核心。与这些亲密关系稳固且支持性的人们保持密切联系，分享彼此生活中的喜悦和困扰，可以帮助我们感受到情感上的支持和安慰。其次，积极参与社区活动和组织也是培养支持性社交网络的有效途径。通过参与志愿者工作、加入兴趣小组等，我们能够结识更多志同道合的人，并建立起共同的信任和依赖。最后，利用社交媒体等现代科技手段也可以扩大我们的社交网络。然而，我们应该保持合理的使用频率，并警惕虚拟世界与现实生活之间的差距。通过在线社交平台建立真实且有质量的人际关系，我们能够获得更多信息和资源，并为自己提供支持和帮助。

提升人际关系的质量对于增加幸福感至关重要。通过维护亲密关系、提高社交技巧和培养支持性社交网络，我们能够建立更加稳固、积极且有意义的人际关系。这些努力将使我们在面对挑战和压力时更加坚强，同时为我们带来更多的快乐和满足感。因此，让我们共同努力，提升人际关系的质量，追求更加幸福的生活。

（二）积极参与社交活动

社交活动是人们相互交流、分享和合作的一种重要方式，通过积极参与社交活动，我们可以拓宽视野，提高个人能力，建立深厚的人际关系。加入社区组织、志愿团队以及参加兴趣小组或俱乐部等活动不仅能够满足个人的需求，还能为我们的社会做出积极贡献。

1. 积极参加社交活动的重要性

在现代社会中，人们普遍面临着快节奏、高压力的生活方式。而积极参加社交活动可以为我们提供一种放松身心的途径。根据心理学家卡尔·荣格（Carl Jung）的观点："一个人在社会中才能真正地认识自己。"通过与他人的互动和交流，我们可以更好地了解自己，并找到自己在这个复杂世界中的定位。此外，社交活动还可以帮助我们提高沟通能力、人际关系处理能力，增强团队合作精神，无论是在工作还是生活中，这些都是在现代社会中非常重要的素质。

2. 加入社区组织或志愿团队的益处

加入社区组织或志愿团队是积极参加社交活动的一种方式。通过参与志愿活动，我们可以为社会做出贡献。而且，志愿活动也给予我们机会去关心和帮助他人，提高我们的同理心，培养善良的品质。据美国心理学家尼尔·西尔曼（Neal Sillman）的研究表明，参与志愿活动可以增强个体的幸福感和自尊心。此外，志愿服务还可以帮助我们建立广泛的人际网络，并结识各行各业的朋友，这对于我们未来的职业发展也是有益的。

3. 参加兴趣小组或俱乐部的益处

参加兴趣小组或俱乐部也是积极参加社交活动的一种方式。兴趣小组和俱乐部通常由一群志同道合的人组成，他们追求共同的兴趣爱好。通过参加这些活动，我们不仅可以满足自己的兴趣爱好，还可以扩大社交圈，结识更多与自己志同道合的朋友。此外，兴趣小组和俱乐部还为我们提供了学习和成长的机会。例如，参加音乐俱乐部可以提高音乐技能；参加读书小组可以拓宽知识面。这些活动不仅有助于个人的成长和提高，还可以为我们提供一个展示自我的平台。

4. 个人案例分析

我朋友李华，她在大学期间积极参加了社交活动，并加入志愿团队。通过参与志愿服务，她帮助了许多需要帮助的人，并和志愿团队的成员建立了深厚的友谊。在志愿服务中，她学会了关心他人、倾听他人的需求，并且培养了耐心和善良的品质。此外，她还通过志愿服务结识了许多志同道合的朋友，一起分享并追求共同的目标。这些经历不仅让李华感到快乐和满足，也为她的未来职业发展奠定了坚实的基础。

5. 社会益处

积极参加社交活动不仅对个人有益，也对社会有着重要的影响。社区组织和志愿团队的存在可以帮助解决社会问题，改善社区环境，提升居民生活质量。例如，有些志愿团队致力于环境保护和植树造林，他们的努力可以改善空气质量、减少污染。此外，参加兴趣小组或俱乐部也可以促进文化交流和传承。例如，艺术爱好者可以组建艺术俱乐部，通过展览和演出来推广艺术文化。这些活动为社会提供了更多的文化选择，并丰富了人们的精神生活。

通过积极参加社交活动，我们可以提升个人能力、建立人际关系，并为社会做出积极贡献。无论是加入社区组织、志愿团队还是参加兴趣小组或俱乐部，都能够让我们更好地了解自己、拓宽视野，并在与他人的互动中获得成长和进步。因此，我们应该积极主动地参与社交活动，为自己和社会创造更加美好的未来。

第十章

幸福与信仰

一、何为信仰

人们常说心中有信仰，脚下有力量，幸福有形状，有信仰的人灵魂都会高贵几分，那么究竟何为信仰呢？

有人说，信仰是不变心、不贪图什么、不畏惧什么。如曹操花多少钱或物也收买不了关公；如唐僧取经不为功名利禄，任何东西都左右不了他一心向佛的决心。看准目标不变心，并为之不懈奋斗、无惧无畏的称为信仰。

有人说，信仰不等同于迷信，也不一定是信神信佛，而是从你出生到懂事之后，那些不忘初心的信念，是出淤泥而不染，不为身边的人和事所影响，坚持自己的初衷并一心扑在上面。信仰是贯穿你一生追求的精神，是给人行善爱人的动力，是对真理的领悟。信仰是对国家和社会做出突出贡献的人的敬仰和崇敬。

有人说，信仰是一枚硬币，正面刻着坚守，反面刻着误解！如黄旭华恪守着"忠诚"的信仰，数十年来，他从未回过一次家，面对很多人的不理解和误会，他虽然已年过八十，但依然坚定地对记者说："对国家的忠，就是对父母最大的孝。"他认为忠诚于祖国，就是孝顺于父母。又如林鸣坚守着自己精益求精工匠精神的信仰，他将每一寸的偏差都缩到了最小，最终将16厘米的误差改到了3厘米，这让他在这个世界上创造了一个建筑奇迹。在坚守自己信仰的道路上，也许会被他人质疑，会被父母责怪，会被朋友不理解，但无论如何，唯有默默坚守信仰，才能在黑暗中绽放出最亮的那一抹光。

有人说，信仰是世界无产阶级运动导师马克思为全人类的发展花费了40多年的时间，在大英博物馆里面废寝忘食地查阅大量资料和翻阅不计其数的书籍，甚至将所坐位置下面的水泥地磨掉了一层，在他的不懈努力下，写出了对全人类发展有着巨大推动作用的《资本论》。信仰使中国的农民科学家吴吉昌，一次又一次地做着棉花试验，他走路的时候想的是棉花，坐的时候想的是棉花，吃的时候想的是棉花，睡的时候想的还是棉花，他无时无刻不在想着棉花。最后终于凭着他坚定不移的信念和不懈地努力培育出了全国人民所期待的棉花新品种，为祖国的农业发展贡献了一份力量，使我们国家的农业技术朝前迈进了一大步。

也有人说，信仰是人心中的一盏明灯。它能在漆黑的夜里，为人们照亮前行的道路；在迷茫的时候，它能为孤独的灵魂带来慰藉，在世俗中坚守人性的底线。它能从人的内心最深处改变一个人的精神力量！信仰是人类心灵深处最纯净、最高尚的地方，它孕育着我们的精神，生长着我们的灵魂，让我们在这个复杂的世界里有一方乐土，是我们心灵世界的欢乐家园。信仰是一汪清泉，总能在我们疲惫之时，滋润我们的心田。巴金先生说："支配战士行动的力量是信仰，他能够忍受一切艰难、痛苦，而达到他所选定的目标"。拿破仑的铁蹄踏遍了整个欧洲，他有着令人敬佩的军事天赋，在军事上有着卓越的成就。可以说，他是欧洲近代史上最有影响力的人物之一，是一个成功的领导者。他手下的精锐战士，同样是一个特别的存在，更令人感到敬佩。一句"不想当元帅的士兵不是好士兵"不仅蕴含着他对自己军队的信任，也道出了士兵们的信仰。每一个士兵的心中都向往着有一天能统帅三军，在沙场上点兵拨将、奋勇杀敌、报效祖国、荣归故里，这是士兵们的信仰、是他们杀敌报国的动力、是他们所向披靡的不竭源泉。信仰，是人生命的支撑，是我们在艰难困苦中不断前行的坚强后盾。有了信仰，就像是有了生命的火焰，未来一片光明、生机勃勃。马丁·路德金，这位伟大的领袖，黑人的英雄，始终将世界和平、民族平等作为他的信仰，在反对种族歧视和争取民族平等的道路上不惧艰难险阻，带领着同胞们采摘到了自由、平等的胜利果实。他们的信仰在《我有一个梦想》中得以阐释，在不断的思想进步中被激活、被强化，在这种信仰带领下，他们是倔强的小草，在风雨中也不会倒下；他们是汹涌的江流，在激流中也不会退缩；他们是无所畏惧，勇往直前的。正是这股信仰的力量，让他们血脉喷张，心情澎湃，在追求平等自由的道路上永不停歇。

还有人说，信仰，是一个透着神圣色彩的词汇，涉及面很广，如对宗教的信仰、对奥林匹克精神的信仰、对先辈们英勇事迹的信仰，甚至对一个人某些方面品质的信仰等。而我们，生长在中国这片热土上的中国人，在用漫长岁月进行着另一种信仰，一种对一个时期、一种体制的信仰。信仰是一种信任，充分地对一个国家、一个政党、一个社会的信任，一种上升到了信仰的信任！或许是汶川的地震救援、是雪灾的抢险、是奥运的盛大、是病毒前的无惧等，这只能也只会发生在中国——这样一个有力量的社会主义国家。中国，1921年南湖中的红船承载着历史的担当与使命，诞生了中国共产党，有了马克思主义的信仰，灾难深重的国人们看到了希望。南昌起义的第一声枪响，中国共产党人有了属于自己的武装。井冈山会师，中国共产党人有了更大的革命根据地。我终于相信，有一种信仰，它也可以不迷信鬼神，可以仅仅相信人和依靠人。它是一种带着温暖的信仰，是一种充满力量的信仰，是一种人人适用的信仰，并将它全部转化为源源向上的不竭动力！

信仰是什么？信仰是对生命价值的确信和对人生意义的领会。它可以是保家卫国，是老婆孩子热炕头，是我们分得清是非善恶的信念，是我们穷其一生的追求，是使我们生活更有奔头的动力，是我们追溯美好生命的一束光芒……或许我们永远无法给予它一个最完美的定义，一个最标准的答案，但每个人都对信仰有着自己的理解和自己的定义，并且执着地认为那就是正确的，拥有它就是幸福的。

二、信仰对于人生的意义

一个没有信仰的人就如同行尸走肉，不知道自己活着是为了什么，没有一个支撑自己的信仰，不知道应该做什么，为什么要做。但对于一个有信仰的人来说，他们有着自己的追求和理想。这是一个很公平的世界，谁都不会空手而归。只是这个世界的某些人，总会给自己找一些借口，让自己变得平凡。其实，平庸并不可耻，我们都不是圣母，在这个世界上，没有人注定会比别人更高贵。这世上不管是好人还是坏人，即使活得再平凡的人，心中也都要有一种做事的准则，一种精神上的信仰。

信仰是人生的需求，这种需求不是可有可无的，也不是随时可以被替代的。它对每个人来说都是有意义的，是不可缺少的精神家园。没有信仰，生命就是残缺的；没有信仰，人生就是不完整的。有些人，身躯虽然有了富丽的居所，可是他的心灵，因为丢掉了梦想，抛弃了信仰，所以还在流浪、彷徨，找不到方向。失去了航向犹如在漫漫黑暗中行路，不辨方向，不知前行。信仰缺失的人，只活在尘世表面，他们总是执着于精致的功利算计，经常被一些微不足道的小事所迷惑，浮躁的心绪使他们的心灵无法得到安宁，急功近利使他们的心灵折断了他们的理想之翼。随波逐流，流浪的心很累，渴望有家可归，有信仰所依。

信仰对于人生来说是有重要意义的。有信仰的人一定是找到了生命中最强大的力量，没有信仰的人一定是仰仗着来自外部的力量，比如说职位的权利，比如说手中的金钱，比如说强大的背景关系。人实际上差不多可以分成两类人：一类是能够找到决定自己的力量的那种人，从而成为自己生命的主宰，这即是有信仰的人；另一类就是找不到自己的力量，于是乎就被外部力量左右的人，拥有权利的时候被权利左右，拥有金钱的时候被金钱左右，拥有背景的时候被背景所左右，这即是没有信仰的人。有信仰的人会把权利变成责任，会把地位变成服务的使命，把背景变成一块成功的敲门砖。他会把金钱变成履行自己使命的一种资源；他会把外部的诱惑看成对自己的一种考验；他会把困难看成在开发智力、提升能力和境界的一次机会。也就是说，虽然这两类人他们面对同一个世界，但是他们解读这个世界的方法是完全不一样的，自然他们的所得与命运也就不同。

信仰是美丽的。有的时候，它就像一颗闪耀在夜空中的星辰，提醒我们要努力做到最好，走上更广阔的人生舞台，让我们不枉活一生，不悔一世。

信仰就如爱一样，从不会卑微地存在。心中有信仰的人，多半活得比较充实而少空虚，有些事再小再杂，只要是一种精神寄托，那就是我们心灵上的一种信仰，我们会执着于它、奔赴它，感动于它的存在，使我们的生活美好而精彩。

人这一辈子，最可贵的莫过于有一个信仰伴你一生。信仰是我们生命中的可爱精灵，它无时无刻不在滋养着我们的心灵；信仰是一汪清泉，无时无刻不在灌溉着我们的一方心田；信仰是一把火炬，让我们在迷途中找到正确的方向，每一步都走得踏实而奋进。信仰比理想更接近于现实，如果说理想是一轮明月，让我们在前进路上不孤单；那么信仰就是我们脚下的路，只要我们走在这条路上，心中便觉得是快乐的。

信仰是一种进步的理想，它带领人类走向无畏、幸福与高尚。屈原有信仰，满腔的爱国情怀化作"路漫漫其修远兮，吾将上下而求索"的千古流芳；岳飞有信仰，精忠报国的意志使他从未动摇收复失地的决心；司马迁有信仰，在忍辱负重中用笔尖书写出"史家之绝唱，无韵之离骚"；文天祥有信仰，临危不惧，视死如归，一片丹心照汗青；鲁迅有信仰，弃医从文，用文字的力量唤起亿万同胞的热血激昂；李大钊有信仰，身处逆境，但依旧不忘追求真理的光芒；赵一曼有信仰，柔弱的身躯流着坚毅的血液，面对敌人的威逼利诱宁死不屈，高呼"中国共产党万岁"，视死如归，从容就义；王复生有信仰，用热血和青春为党的事业书写壮丽的篇章！

信仰在人生的长河里，似一个个航标灯，指引着人们前进的方向，将迷路的人拉回正确的航向，让人们坚定着理想信念，有了奋斗的目标。信仰跨越时间和空间的限制，高扬理智、坚毅的大旗，创造出一个又一个奇迹。

信仰是指引，是万物灵长的归依！左宗棠，面对前所未有的民族危机，他带着战死的决心和面对困难的淡定从容，抬棺而入疆，同声势浩大的反叛者作战，最终名垂青史，成为后世楷模；樊锦诗，执着地将一腔爱注入敦煌壁画，将半生献给茫茫大漠，让一幅幅壁画起死回生，守住了前辈的火，开辟了明天的路；魏德友，守卫祖国边防半个多世纪的七旬老人，把青春和风华摒弃，只为那一句："看见红旗飘扬，心里就亮堂"；植树老人杨善洲，执着地将生命融入绿色，让一山山的绿色格外耀眼；张桂梅忘我无畏，只为让一个个童真的梦想走向远方……信仰是一代又一代伟人谱写的时代华章，也是平凡之人谱写的青春之歌。

内心常怀信仰，才不会迷失方向；坚持一份热爱，生活才会忙碌而又充实。日子总是柴米油盐的平凡和一地鸡毛的琐碎，但对生命的热爱，给平平无奇的我们增添了微弱的光亮和前进的支点。吟诗作画，赏花遛狗，每一次的坚持都是对信仰的实践。用热爱浇灌信仰，平凡的生活也会散发善良有趣的光芒。

人生的乐趣和意义，就在于内心的充实和满足。唯有信仰才能遇见更好的自己，才能不辜负生命的韶华。雨果曾说："信仰，是人们所必需的，什么也不信的人不会有幸福。"有人一心向佛，寻求人生的意义；有人追求逍遥快活，向往广阔的生命；但信仰更是生活的留恋和喜好，是拼尽全力和决心去做一件事，是明知希望渺茫也要试一试。因为，人怎样信仰，就怎样生活。坚定不移地信仰，不遗余力地奔赴，人生才有意义。

人生，不一定要家财万贯，不一定要只手遮天、呼风唤雨，但一定要有生活的信仰，这样才能遇见更美好、更完美的自己。

总的来说，人是不可能离开信仰的。因为信仰根源于深厚的社会传统、漫长的社会实践、丰富的人类知识，是人类智慧的最高表现之一。人类不可能离开信仰，更是因为人类始终是对未来有追求、有期望的。而不同的发展阶段，这个追求与期望是不一样的，我们无法给出固定具体的阐述。诸如追求幸福，也是人类永恒的命题之一。一个人有了信仰，就等于有了奋进的动力。他的一生就像一条河流一样向往着流向大海，虽然过程千折百转，但仍坚持着自己的方向奔流着；纵使他不知道大海究竟长什么样，在什么地方，何时才能到达大海，但是他相信大海是可以抵达的，是存在着的，而且是一种美丽的存在，只要自己到达了大海，与大海融为一体，就会变得高尚无比。

有信仰的人是幸福的，有信仰的人生是有意义的。

三、信仰与幸福的关系

信仰与幸福有何关系？有信仰就会幸福吗？

这个世界，总是这般匆忙，熙熙攘攘，人们都往热闹的地方走去，脸上笑容常见，悲伤也难免，但却唯独少了应有的那份宁静美好。如果，无论失去什么都可以重新来过；如果，日落后等待人们的不是黑暗；如果，是幸福把悲伤冲垮而不是悲伤吞噬幸福；如果，这些"如果"都可以成真，那所有的痛苦是不是就可以彻底消失，是不是世界就充满了幸福。很多人都在渴望幸福、守望幸福，甚至可以说是奢望幸福，却一次又一次地被痛苦扼杀，等来的却始终只有失望，甚至是绝望。所以，有的人退缩了，从此畏惧幸福，觉得幸福遥不可及；而有的人依然在坚信着，在努力地寻找着；还有一部分人轻而易举地就抓住了幸福的尾巴，便开始沾沾自喜，觉得自己拥有了最完美的幸福，却从未知道幸福长着一双翅膀，不知何时会飞走，直到失去后才发现那只是个让人深感痛楚的阴谋。难道真的就没有幸福存在吗？不！幸福是存在的！至于何为幸福，我想没有人能给出一个令所有人都满意的解释，但每个人心中都有一个属于自己的答案。幸福的生活属于有信仰的人，如果你感到不幸福那就是还没有找到自己的信仰。

幼时，得到一颗糖，甚至是一张好看的糖果纸便会觉得这是世界上最美好的一种幸福；后来，会因为在一堆金黄的落叶中找到自己喜欢的一片叶子而满心欢喜觉得很幸福；再后来，幸福生根发芽，在逐渐成熟稳重的心中变成了信仰的代名词，我们不再去追问什么是幸福，因为我们知道了，有信仰，有方向，有归属也是一种幸福。

那么，信仰与幸福究竟有何关联呢？

信仰是幸福的源泉，它赋予人们直面苦难的力量。

人的原始信仰源于对未知的恐惧，来自对生老病死的无奈，来自无法预料的天灾人祸。在这种情况下，一种无助的感觉会在心里滋生，需要外部的力量来安慰自己并找寻某一事物来支撑自己的意志，从而缓解这些积压已久的焦虑与压抑，驱除这些恐惧面前的无助，这外在的力量就是信仰，在这股力量的帮助下，他们驱除了恐惧收获了快乐与幸福。

一个人有了信仰便会不在乎外在条件与物质追求，即使身处困难与贫穷，他也会感觉自己是幸福的，自己是勇敢的，他很清楚自己想要什么，他坚信在自己的不断努力下一定能有好的改变。在有信仰的日子里是自在惬意的，是幸福的。这种幸福，是颜回的"一箪食，一瓢饮，在陋巷，人不堪其忧，回也不改其乐。"是刘禹锡的"斯是陋室，惟吾德馨""可以调素琴，阅金经。无丝竹之乱耳，无案牍之劳形"。是范仲淹的"先天下之忧而忧，后天下之乐而乐。"他们的这些幸福并不是来自物质而是来自内心的富足。

信仰成就幸福，信仰是人们对幸与不幸的正确认识，并走出不幸的精神力量。

有了信仰和目标，并不代表人生就只会有快乐，恰恰相反，在实际的人生中，快乐与痛苦往往是并存的。生活本身就是一个矛盾的世界，而生活的过程就是不断地去解决这些矛盾。

面对人生的不如意，信仰是一泓清泉，你会品尝到历经风霜后的甘甜，此所谓"信仰者的幸福"。古往今来，多少人都曾陷入困境，可最终成功的人是属于那些乐观者，那些信仰者。乐观是心中的太阳，乐观是他们的信仰。苏东坡，不因被贬黄州而失意，而是在此之中寻得人生的另一种乐趣。一个没有信仰的人，他会认为这一切都没有了希望，他不愿意重新开始，他会垂头丧气变得颓废。而我们一定要做一个信仰者，用我们的精神世界去战胜一切的困难，相信终会"守得云开见月明"。

人有信仰则幸福，信仰是人们内心的需求，是对美好的期望，是让人不断前进的生命源泉,让人们在艰难与不幸中感受到希望,让人们感受到别样的幸福。人总要不断地追求理想,克服种种困难,就必须要不断地追求理想。在这种抗争中,幸福会以螺旋式的阶梯上升状态来呈现。

所以,信仰是人生中必不可少的,信仰能使生命有依靠和支撑,能帮助人实现思想与行为的统一,也确立一个人来这世界走一遭的使命和价值。信仰可以带给人巨大的力量。生不足为恋,死不足为惧,苦不足为悲。这种力量,就源于信仰。心生敬仰,定有力量。没有一个冬天不可逾越,没有一个春天不会来临。力求做个心里有信仰、脚下有力量,衷心践行使命担当的中华儿女。

幸福是因为我们不断地追求美好的东西;信仰代表了我们要追求更高的理想,更高的价值。在追求幸福的道路上,我们要有科学的信仰。始终坚守科学的信仰,这是追求幸福的漫漫旅程中的源泉和力量。拥有坚定的信仰,才不会畏惧前方的惊涛骇浪;拥有坚定的信仰,才能捕捉幸福的阳光。

信仰是一个人价值观念的基础,也是一个人价值观念的集中反映。人们选择科学的信仰是一个人崇高的精神追求。只有坚定共产主义的信念,使之贯穿于人的生活当中,置于科学的世界观指引之下,才能创造美好的未来,绽放人生绚丽之花。

一个有信仰、有理想的人,是一个幸福的人。他心有所安、神有所寄、人格丰满、精神高尚,能自如应对人生的任何挑战。

四、如何从信仰中获得幸福

人都会本能地渴望幸福生活,可是究竟怎样才能得到幸福呢?其实幸福未必与金钱的多少有关,却和内心的安定大有关系。而唯有信仰,才能让人安定,才能让人从容。的确,拥有物质并不等于拥有幸福。如今有太多人在名利双收之后却更加不快乐,甚至精神抑郁,最后往往是求助于信仰,才得以安顿内心世界。

人如若有着虔诚的信仰,即使一生清贫,内心也一样可以淡然平和,神态安详中透着淡淡的喜悦，这样的人又怎会觉得不幸福呢？可以说，有信仰者虽然未必都幸福，但是没有信仰者一定得不到幸福。因此，要从浮躁、动荡的世界中，找到自己的坚定信奉。唯有对某人、某物和某种主张心怀信仰，才能让人逐渐向幸福靠近。

仅从心理角度来看待快乐，快乐并非不可能，可是终究不够完美，总觉得少了点什么。人是一种需要精神慰籍的生物，想要在这个世界上活下去，精神层面必须得到满足，就必须要有信仰，只有信仰，才能让人永远快乐下去，真正恒久的幸福才是灵魂所追求的最终目标。当然，你可以说，自尊、自信、自由、平等、友情、真挚的爱情，这些都是属于精神的东西，如果一个人能够在这些方面下苦功夫，岂不就可以获得快乐？不错，他们的确可以获得幸福。但来自外部的幸福只是一种简单的、暂时的精神维持，只有内心富足，信仰坚定的自给的幸福才是真正的幸福，才是我们所需要的幸福。法国的一位作家说："快乐只是肉体中的一丁点幸福而已。真正的幸福、完美的幸福，只有在灵魂全盘性的平稳中才可求得。"这种灵魂全盘性的平稳，只能由一种超越心理的信仰来提供。远在希腊时代，苏格拉底也曾这样说："人类最大的幸福，是天天可以大谈有关道德的事，没有灵魂的生活，没有资格称为人的生活。"

那么，我们要如何在信仰中获得幸福呢？

坚定地选择自己，守护自己的信仰。

人的一生很短暂，或许有些人在生命的旅程中放弃了自我；或许有些人在人生的十字路口犯了一个错误，或者走错了路。其实，每个人的人生都差不多，都是被欲望所充斥，无法找到自己的路，只是因为心中缺少一个值得守护的信仰。当你处于困难中时，请不要放弃，不要觉得自己所坚守的那些东西没有用，请你坚定地选择自己，请你一定要相信自己，相信风雨过后一定会看见彩虹，请你怀抱信仰一而再再而三地拯救自己于水深火热之中。

相信你所期望的幸福就在身边，你是被幸福环绕的。

在你的人生中，你的家人是离你最亲近的人，他们从你出生开始就一路小心翼翼地呵护你，怕你着凉，怕你挨饿，怕你受委屈，怕你受欺负。你们会有争吵，会心事相倾，会一路相互扶持，相互鼓励，你们会相互拥抱，互相亲吻。他们是你最值得信赖的人，是你内心深处最值得守护的信仰，这个信仰，叫做亲情。你是否有几个这样的朋友，他们似乎和你形影不离，在你伤心时，会给你安慰的良药；在你无助时，会给你依靠的臂膀；在你迷茫时，会指引你前行的方向。如果有，也许他们将会是你内心陷入黑暗后黎明到来的第一抹光亮，这种信仰，叫友谊。

不惧艰难险阻，不畏孤独，相信你有自己的光芒。

人一旦有了一个信仰，便不会觉得孤独可怕。人人都羡慕珍珠那耀眼的光芒，殊不知它从沙石蜕变中的遍体鳞伤，无数个日夜的风吹浪打，日晒雨刷才蜕变得如此闪耀。在孤独和困难中，它沉得住气，忍得了疼痛，耐得住寂寞，因为它的信仰就是变得像星光一般璀璨。这个信仰，支撑着它永不放弃，直到变成光彩照人的珍珠；因为信仰，它不再相信自己只是一粒小小的泥沙。有了信仰，才不会盲目地跟随旁人，才能活出属于自己的一份洒脱。不要有太多的理由来阻止自己的进步，借故推诿的人只会迷失自我于茫茫人海之中。如果生活赋予你的是苦难，那必定是在对你进行考验。放飞思想，拥抱信仰，让自由与梦想一路远航，一如既往地在前行的道路上高歌，唱出个人的风采，你也会成就属于你的光辉岁月。把自己的人生描绘成一幅美丽的图画，我们自己就是最好的观赏人。

所以，在现实生活中，我们要怀抱信仰，用积极的眼光、乐观的态度去看世界，世界才能变得更光明美好。在信仰中把自己的事情做好日子才会过得更好，我们才会感觉更幸福。因为有信仰，因此世间万物都会变得很美，一朵小白云、一簇小浪花、一只小蜜蜂、一缕阳光、一片晚霞、点点星辰，在一个有信仰的人看来，都能变得更美、更可爱。

信仰的力量无限，能促使人执着而无畏地向前。生活中的困难虽然从来不断，但只要我们心怀信仰，不懈追求，那么明天就有着无尽的希望。眼前纵有千般苦难，我自可心怀远方，初心不变。面对曲折多艰的岁月，你的初心又何在呢？找回那些最初的心愿吧！让其重新生长如新春嫩芽，虽然无比孱弱，但却是极力坚挺着，纵使风吹雨打，也终会烂漫成花！

信一切可信，梦一切可梦。不动摇，不沉默，不退缩，绝不因自己光亮微弱便放弃照亮夜空的努力，热烈地在蒙尘的世间散发出自己的光和热，幸福之门自然也就向你开启了。

万物皆美好，只因有信仰！在现代物欲泛滥面前，我们无法掩饰摆在我们面前的信仰危机。哲人说过，信仰者的幸福是这世间最美的音符。于此世间，我们必须是一个信仰者，有自己的一块精神乐园，在那里，你不会迷失自我，你会是幸福的。

五、如何践行信仰

信仰是高尚的，是纯洁的，为着所有困难大众的，不是自私的、鄙俗的。心中所向往的和自己的践行不一，便会造成内心的痛苦。而按照自己的信仰践行，虽是艰难的抉择，要经过一番争斗，但我们的内心是不会就此屈服驻足的，奋斗的火焰时刻燃起。理想和现实很难一致，而现实又难以舍弃，又不能即刻做出改变，这是痛苦的根源，这会浇灭所有的快乐，让人生的阴云一直笼罩，挥之不去。就如向往伟大纯洁的爱情，但是发现不是理想的伴侣，痛苦啊，能怎么办呢？一切的美好向往被现实逐渐无情粉碎，心中茫然无措，痛苦挣扎。

大多数人钦佩那些能践行自己信仰的人，那些注定会伟大的人，人世间一切的困难，都不能让他们屈服，是他们成就了人类的进步。虽然他们也很痛苦，但是这些痛苦是值得的，可以成就他们的伟大，超过那些无法践行的信仰者。他们说，内心纠结而带来的无尽痛苦，只会把自己拖向深渊。

一个人所追求的目标越崇高，他的信仰就越坚定，他为达到这一信仰和目标而努力奋斗的意志、毅力就越强大，他在曲折而通向光明的前进道路上所体验到的幸福就越深刻。信仰能使人获得真正的欢乐，并能使人永生永世保持幸福。我们虔诚地、执着地去追求自己的信仰，美好的希望便永存于心间。我们将信仰践行到生活的方方面面，坚定信仰，抓住这源源不断的希望与力量，去克服困难，去拥抱世间的美好。

将信仰践行到实际生活中，我们需要丰富内在，自我欣赏，建立自己的信仰体系。

在遇到困难的时候，你要想到的是我肯定能做到，而不是说我会失败。在你一次次向挫折发起挑战的过程中，相信你一定会感受到成功的欢乐和喜悦，使你变得更有信心攀登更高的人生巅峰。

当你同其他人竞争的时候，应该想的是"我就是最棒的"，而不是"我可能会输掉"；"我可能会输掉"和"我就是最棒的"这两种想法有着截然不同的结果。你要相信你是最棒的，相信成功，但也不要畏惧失败。别人能做到的事情你也能做到，用每一次解决问题来挑战自我，通过信仰告诉自己一定可以做到，做到心中有偶像，你便不会感到迷茫。

当机会出现在你眼前时，你应该想的是我一定要把握住这次机会，而不是想算了吧，等下一次。只有不断地给自己树立更高的目标，才能一次次挑战和战胜自己，才能在这个过程中获得成长。目标越高，所能抓住的机会就越稳。当然目标也不能过高，当你的能力无法实现目标时，你的信心将会受到很大的打击，你也不会有动力甚至会气馁和放弃。

当你与成功的人站在一起时，应该想的是"我也可以成为这样的人"，而不是"这是我永远无法做到的"，要不断地提醒你自己，你比你想象的要好得多，也要学会接受你是不完美的。成功的人并不是超人，他们也是不完美的。成功并不意味着要有超人的智慧，也并不是什么虚无缥缈的东西。成功人士不过是始终怀揣远大理想和抱负，不过是始终坚持着崇高的信仰。

一个人没有信仰，就像黑夜之中没有照亮前路的明灯，无法辨别方向，只会在碰壁、落魄中绝望。人生就是要不懈地奋斗、解决难题和追求自己的梦想，决不能遇到挫折就慌忙投降。想要实现梦想，就要用信仰来领航，繁杂的琐事才能迎刃而解，人生的意义才能被诠释。

要坚定理想信念，保持"咬定青山不放松"的定力；要锻造过硬本领，展现"千磨万击还坚劲"的斗志。

百年初心不改，百年信仰如磐。百年来无数的中国共产党人舍弃了"小我"，追求"大我"，去寻找信仰，去践行信仰。他们为了整个民族和国家的发展和振兴而选择了共产主义，以民族、国家的发展与复兴为己任，中国共产党人在信念的旗帜上谱写出了新的传奇。从此，信仰中融入了自强不屈的精神，信仰凝聚出了奋斗精神，信仰铸就了公仆本色，信仰中承载着爱国情怀。

给自己一个信仰，换一路不慌张，找准心的方向，使其道路通畅。信仰是力量，是依靠，是教你真诚坦荡，是教你温暖且有原则，是教你不卑不亢从容面对一切的发生，是教你有所求有所敬，是让你做事、做人道德底线更高一些，更是可以帮助你找回那个本我的自己。有信仰的人生，幸福才会持久。真正科学的信仰是你追求幸福的征程中不竭的动力和源泉，积极向上的人们将从中汲取力量。

生命原本黯淡，因信仰而灿烂。生命本无色，信仰给了它缤纷绚烂；生命本无味，信仰给了它芳香四溢。浅行在岁月的河流，我们不是随波逐流的浪花，我们都有自己要奔向的远方。人要有自己的信仰，让信仰萦绕在心中，才能一路徜徉、一路阳光。

信仰如此绚烂，人生得以华彩，幸福如期而至。

第十一章

幸福与爱情

一、何为爱情

爱情,是一个永恒的话题,它是人类感情生活中结出的最鲜艳、最美丽的花朵。真挚的爱情,自古以来便被世人所赞颂。从《诗经》中的"关关雎鸠,在河之洲。窈窕淑女,君子好逑。参差荇菜,左右流之。窈窕淑女,寤寐求之。"到唐代诗人元稹以"曾经沧海难为水,除却巫山不是云"赞美了夫妻之间的恩爱,抒写了诗人对亡妻韦丛忠贞不渝的爱情和刻骨的思念;再到"黄花岗七十二烈士"之一的林觉民情深意切的《与妻书》中"吾自遇汝以来,常愿天下有情人都成眷属",无一不证明爱情对于幸福的重要意义。一方面,爱情具有个人价值,它体现在有利于双方的身心健康和全面发展;另一方面,爱情又具有社会价值,它体现在有利于社会风貌的进步和文明程度的提高。

那么爱情究竟是什么呢?从字面看,爱情一词,由"爱"和"情"两个字组成。爱,指的是对人或事有深挚的感情,表示喜爱。情,指的是外界事物所引起的喜、怒、爱、憎、哀、惧等心理状态,表示一种感情。而爱情指的是两个个体之间相爱的感情和情谊。简单地来解释,爱情就是对他人因喜爱所产生的一种情愫。

作为人类交往的一种重要关系，爱情具有对等性、排他性和持久性。对等性，恩格斯在论述爱情第一特征时就指出，爱情是以所爱者的互爱为前提的，就是双方互爱但没有引起对方的反应。排他性，爱情是一男一女之间的爱慕关系，不容第三者介入，对爱情至死不渝、忠贞专一是高尚的，而水性杨花、朝秦暮楚是卑劣的。持久性，诚挚的爱情要求相爱的双方，共同经受人生道路的种种磨难与考验，相知相守，白头偕老。

二、幸福和爱情的关系

真诚的爱情是与幸福紧密相联的，是幸福的重要内容。爱，意味着幸福。

爱情的本质是"给予"，爱情的幸福就在于相爱双方通过相互"给予"而获得的精神满足。相爱双方可以通过两个渠道获得精神满足：一是通过给予而获得的自我精神满足；二是由于被给予获得的精神满足。双方都把对方的满足视为自己的满足，认定对方的满足与自己的满足具有同等价值。双方都把对方的幸福当作自己的幸福来体验和感受。爱情的幸福之所以具有巨大能量就在于它不是一个人的体验和感受，而是两个人的幸福充溢于一个人的内心世界中，也就是说，双方都获得了双重的幸福。

爱情的幸福就在于相爱男女双方之间的相互给予之中，它是彼此的体貌愉悦，心理相融和精神沟通，是由于相互接受了对方的全部生命活力而产生的精神满足。但是，爱的历程并不会停留于此，恋爱双方还渴望早日缔结姻缘，以达到肉体和精神的全面结合。因此，真诚的爱情是幸福的重要内容，其包括双重含义：它不仅是情侣双方对现实幸福的体验，而且包含着他们对未来幸福的憧憬。

恋爱、婚姻、家庭——让爱情在循序渐进中感受幸福。

爱情是一种高级的精神享受，是一种强烈的、专一的情感，恋爱、婚姻、家庭这三个阶段都是以爱情为基础所开展的特殊的人际交往活动。只有以爱情为基础的恋爱、婚姻、家庭才是稳固的，长久的关系。立足于整个人生，恋爱是爱情的起点，婚姻是爱情的诠释，家庭是爱情的延伸，三者虽都以爱情为基础，但又各不相同。

那什么是爱情、婚姻、幸福呢？古希腊伟大的思想家、哲学家柏拉图和他的老师苏格拉底的一段故事阐明其真谛。

有一天，柏拉图问他的老师苏格拉底："什么是爱情？"苏格拉底没有回答他，让他去麦田里摘一株最大最好的麦穗回来。在他完成这个任务的过程中，只允许摘一次，而且不许回头，只能一直向前走。柏拉图依言前往，但很久之后竟然空手而归。苏格拉底问柏拉图："为什么没摘到？"柏拉图回复说："因为只允许摘一株，所以我一直往前走，想看看前面有没有更好的，但越往前，越觉得反而不如前面看见的好，所以没摘，这样反复犹豫不决，等走到尽头，才知道自己早已错过最大最好的麦穗，所以我只能空手返回。"苏格拉底意味深长地对他说："这就是爱情！"又一天，柏拉图问苏格拉底："什么是婚姻？"苏格拉底让他到树林里砍下整个树林中最大、最茂盛，并且最适合放在家里做装饰的树，与上次一样，只允许砍一次树，只能往前走不得回头。柏拉图依言照做。但这次，他带回了一棵很普通、看上去并不茂盛也不算特别差的树回来。苏格拉底问柏拉图："为什么这次会带这棵普通的树回来？"柏拉图回答："有了上次的经验，当我走到大半路程还什么也没有时，看到这棵树不算太差，就砍了下来，免得像上次一样，错过了就一无所得。"苏格拉底说："这就是婚姻！"再有一天，柏拉图问苏格拉底："什么是幸福？"苏格拉底叫他到田野里去摘一朵最美的花，与前两次相同，只允许摘一次，只能向前不可回头。柏拉图依然照做了，但这次的结局很意外，他带回一朵非常美丽的花，苏格拉底又问了他同样的问题，这次柏拉图回答："我找到一朵很美的花，我在继续向前走的过程中虽然发现有更美的花，但我既没有动摇，也没有后悔，坚持认为自己手中的就是最美的，事实证明，这朵花至少在我眼里是最美的"。苏格拉底说："这就是幸福！"

这几段对话，让我们瞬间明白：爱情、婚姻与幸福的真谛！世界上大多数人，都与柏拉图所做的两次选择类似，对爱情的对象挑挑拣拣，想得到最好的那一个，结局却未必如愿；而对婚姻的对象，却总是将就成事，然后平平淡淡或争争吵吵相伴一生。但只要坚持初心，最后都能得到自己的幸福。人生就像柏拉图穿越麦田、树林和田野，只能往前走一次，不能回头，如果想找到属于自己的那个最好的麦穗、大树还有花朵，就必须要有莫大的勇气、担当和付出。

三、树立正确的恋爱观念

如宋代刘斧《青琐高议后集·小莲记》"公将行，小莲泣告：'某有所属，不能侍从，怀德恋爱，但自感恨。'"中所提到的，"恋爱"指的是异性之间相互爱慕的情感状态，是两个人互相爱慕行动的表现。在不同的时代，恋爱有着不同的定义，现代定义为：两个人基于一定条件和共同恋爱的人生理想，在各自内心形成的对对方最真挚的仰慕，并渴望对方成为自己终生伴侣的最强烈、最稳定、最专一的感情。

健康的恋爱关系，应具有以下特征：

第一，恋爱双方相互尊重，保持平等。恋爱双方在恋爱期间相互尊重、平等对待，不以一方的意愿和需求为中心，而是以双方的意见和感受为重。

第二，恋爱双方学会开放、坦诚地沟通。双方能够坦诚地沟通，表达自己的想法、感受和需求，而不怕被对方批评或否定。沟通应该基于理解和支持，而不是攻击和指责。

第三，恋爱双方相互信任，彼此忠诚。在恋爱期间，双方在建立互相信任的基础上，忠诚于对方，并遵守承诺。信任是人际交往关系的重要支柱，没有信任的恋爱关系很难健康发展。

第四，恋爱双方既独立，又共享。一段健康的恋爱关系中，双方能够保持一定程度的个人独立和空间，同时能共享彼此的生活和经历，相互支持和理解。

第五，恋爱双方彼此支持和激励。双方能够在对方的成长和发展上给予支持和鼓励，共同成长并激励对方实现个人目标。

第六，恋爱双方要善于解决冲突，并学会妥协。恋爱发生争吵分歧是正常的现象，但在健康的恋爱关系中，双方遇到矛盾冲突能够以积极的方式解决冲突，寻求妥协和共同的解决方案，而不是通过攻击或背离来解决问题。

第七，恋爱双方拥有健康的个人边界。恋爱关系中，双方应该尊重彼此的个人边界和隐私，不侵犯对方的权利和自由。

总体而言，健康的恋爱关系是建立在相互尊重、信任和支持的基础上，双方能够真实地表达自己，互相成长和发展，并共同创造积极而健康的关系。

大学生正处于青春期，在生理和心理的驱动下，充满了对爱情的追求与向往，希望了解异性，渴望恋爱。而在大学期间恋爱，需要正确地看待爱情，以正确的爱情观去追求爱情。爱情的艳丽花朵，只有精心照料才会绽放得更加绚烂多彩。对大学生来说，如果在大学时代与爱情相逢，那就要用心呵护，加倍珍惜。处理好恋爱中的各种关系，是对爱情的祝福，也是对自己的祝福，更是对未来幸福人生的祝福。

大学生在恋爱中要避免以下误区：

第一，不能误把友谊当爱情。有些同学在与异性的交往中，不能准确区分友谊与爱情两种性质不同的感情体验，从而给双方增添许多烦恼。异性之间要理智地把握好友谊与爱情的界限，建立和保持健康的友谊。

第二，不能错置爱情的地位。有些同学把爱情放在人生最高的地位，奉行爱情至上主义，沉湎于感情缠绵之中，很容易导致对人生目标的误解，对需要将主要精力用于学习上的大学生来说危害尤大。

第三，不能片面或功利化地对待恋爱。无论是在自己心中勾画出一个脱离现实的恋爱偶像，还是只追求外在形象，或者只看重对方的经济条件，或者仅仅把恋爱看成摆脱孤独寂寞的方式，都无法产生真挚的感情，也得不到真正的爱情。

第四，不能只重过程不顾后果。责任是爱情得以长久的重要保障，是坚贞爱情的试金石。自愿担当的责任，丰富了爱情的内涵，提升了爱情的境界，如果"不在乎天长地久，只在乎曾经拥有"，把爱情当成游戏，既会伤害对方，也会伤及自己。

第五，不能因失恋而迷失人生方向。恋爱过程是恋爱双方互相熟悉和情感协调的过程，恋爱成功与失败都是正常现象，大学生应该正确对待失恋，做到失恋不失志，失恋不失德，不影响学业和生活，不丧失对爱的憧憬和追求。

树立正确的恋爱观，大学生还要处理好以下几种关系：

一是恋爱与学习的关系。学习是大学生的主要任务，大学生应把爱情作为奋发学习的动力，同时应把是否有利于促进学习作为衡量爱情价值的一个重要而特殊的标准。

二是恋爱与关心集体的关系。恋爱中的双方不应把自己禁锢在两个人的世界中。如果脱离集体，疏远同学，就会妨碍自身的全面发展与进步。

三是恋爱与关爱他人和社会的关系。爱的情感丰富博大，不仅有恋人之爱，还有对父母之爱、对兄弟姐妹之爱、对社会和国家之爱。如果只专注于对恋人的爱而忽视对他人和社会、国家的爱，这样的爱情就会显得自私和庸俗；相反，如果对他人和社会具有爱心则会使爱情变得高尚和稳固。

在校大学生如果符合我国法律规定的结婚条件可以结婚，但对结婚成家需持谨慎、理性的态度。大学时期的根本任务是完成学业、不断提升和完善自我，在尚未走向社会时就草率地结婚成家，会对学业和生活产生许多负面影响。婚姻不仅代表两情相悦，更代表责任和义务，因而一旦结婚成家，就要及时调整和转换角色，承担起相应的责任和义务。由于大学生在校生活期间基本上还是一个消费者，大量的开支难免要从家庭获得，因此，结婚成家的大学生要合理筹划，量力而行，勤俭节约，尽量不给父母增加过多的负担，也不能因此影响自己的学业。

四、保持良好的婚姻状态

婚姻是人与人之间一种特殊的社会关系，是男女两性关系的社会组织形式，即为当时的社会制度所确认的或法律或社会风俗习惯所承认的，以永久共同生活为目的的，男女两性结合为夫妻关系的社会组织形式。

婚姻不同于恋爱，它需要两个人找到一种良好的状态，婚姻也必须要好好的经营。通过恋爱进入婚姻的人们，总是有非常多的美好想象，觉得婚姻应当同恋爱一般始终甜蜜。但随着相处日久，每个人身上的缺点开始显现，各种问题也随之而来。

良好的婚姻状态，一般有以下几种表现：

第一，负责与承担。婚姻意味着责任，在良好的婚姻状态中，两个人都会承担各自的义务和责任，而不会一味指责对方。幸福而长久的婚姻中，两个人会共同承担家务，互相分担重任，共患难。

第二，忍耐与独立。婚姻中的两个人性格不同，经历不同，难免会有矛盾。若是谁也不让谁，很容易产生矛盾影响夫妻感情。平淡生活中的相守，总有磕磕碰碰，有了矛盾，各退一步，互相体谅，才是婚姻长久的关键。

第三，沟通交流和珍惜。好的婚姻，需要好的沟通和交流。在行动上沟通，在成长中包容。多沟通才能解决问题，若是夫妻双方缺乏互动，很容易产生不同步的情况。珍惜婚姻的平静与幸福，多分享交流，在平凡生活中，携手共进，才是良好的婚姻状态。

若想拥有良好的婚姻状态，我们就要彼此尊重、包容、理解，承担各自的责任和义务，在相处过程中彼此成长，在明确良好的婚姻状态中找准经营婚姻的方向，拥抱更加美好的婚姻状态。

特别需要注意的是在现实生活中，爱情与婚姻在绝大多数的情况下是统一的，但是爱情与婚姻又是相互区别的。主要表现在以下几点：

第一，爱情是一对男女内心中互相倾慕的最真挚的强烈感情，它具有成为婚姻的可能性，但不是婚姻的现实，不受法律保护。婚姻则是男女两性结合的一种社会现象，是由法律或社会制度认可的社会关系，受一定的法律保护。

第二，爱情必须以与所爱者互爱为前提，婚姻则不仅是以此为前提的。区分清爱情与婚姻的区别能够使人们把握二者之间的界限，杜绝在爱情与婚姻生活中一些不应发生的行为以及由此所造成的痛苦。谈恋爱时，不要由于感情的冲动而把爱情当婚姻。如果在谈恋爱时就已经超过了感情的界限，那么，当有情人不能成为眷属的时候，必然会感到由于亵渎了对方的感情而遭受到良心谴责，被抛弃的一方更会感到难过；而且会给离散的双方，特别是女方今后解决婚姻问题造成一定的障碍。

应当知晓，爱情不是婚姻的现实，不像婚姻那样稳定，在恋爱过程中，可能会由于种种原因终止爱情，它有较大的随意性，不受法律的保护。因此，人们一方面不应轻率地终止爱情；而另一方面，该终止时应当果断地终止。

当然，爱情与婚姻又是相互联系的。

首先，爱情能够转化为婚姻。这种转化需要一定的社会条件。在私有制社会里，通常爱情是难以转化为合法的婚姻的，这种社会制度不仅制造了许多人生悲剧，而且造成了社会的混乱和道德的沦丧。社会主义制度的建立，将爱情与婚姻统一起来，这是人类婚姻史上的伟大变革。

其次，爱情转化为婚姻还需要一些具体条件，主要是指恋爱的双方爱情的基础要牢固。引起男女双方相恋的因素很多，如美丽的体态、亲密的交往、融洽的志趣等。但其中最根本的是共同的理想和融洽的志趣，如果没有这个基础，或这个基础不牢固，那么这种爱情就很难经受住艰难困苦的考验，从而未达到婚姻就可能破灭。

最后，婚姻能转化为爱情，使爱情进一步发展。婚姻的缔结，标志着夫妻双方家庭生活的开始，他们既要料理家务，顾老抚幼，又要忙于学习、工作，再也不可能像恋爱时那样轻松了。婚姻转化为爱情，也是有条件的。首先，需要的是社会条件———一定时代的社会制度和道德观念。凡是符合这种社会条件的婚姻就能存在下去，爱情就会继续发展；凡是与这种社会条件相违背的婚姻就会受到谴责，以致被拆散，爱情也就会被迫终止。社会主义制度及良好的社会风尚，为婚姻向爱情发展提供了良好的社会条件。其次，婚姻转化为爱情还需要具体的条件，如缔结婚姻的男女双方都要信守忠诚于爱情的诺言，双方要经常交流思想，互诉衷肠，工作上、事业上互相支持和勉励，生活上、精神上互相体谅和关心照顾。

总之，爱情与婚姻的关系既是统一的，又是相互区别的。

恩格斯曾指出："如果说只有以爱情为基础的婚姻才是合乎道德的，那么也只有继续保持爱情的婚姻才合乎道德。"恩格斯在这里指出了婚姻的本质：真正的婚姻是以爱情为基础的。

另外，只有继续保持爱情的婚姻才是合乎道德的。即使是建立在爱情基础上的婚姻，也存在一个能否保持爱情的问题。因此，保持和维护作为婚姻基础的爱情，应当成为已经建立起婚姻关系的男女双方的共同责任和义务。但是，爱情的持久性不是绝对的，一方面，爱情的持久性需要爱情的专一性来保证。爱情的专一性遭到破坏，爱情的持久性就不能保持；另一方面，夫妻双方已经建立起来的爱情本身需要保持和发展，因为爱情需要时常注入新鲜血液，需要更新，否则爱情之树就必然枯萎。

真正的婚姻是以爱情为基础的，婚姻则是爱情的实现形式。婚姻是否美满、幸福，取决于它是否以爱情为基础，取决于夫妻双方是否保持爱情；爱情是否牢固，取决于夫妻双方肉体和精神的需要得到满足的程度。在婚姻关系中，一方的需要应该同另一方的需要协调一致地、和谐地结合起来，双方都细心地体察对方的需要并使其从自己身上获得满足。也就是说，你所给予对方的，正是对方所需要的，并且只有同时成为对方所需要的、所渴望的时候，你的给予才有价值，才可能使爱情得以保持和发展，婚姻才是幸福的、美满的。

为什么只有以爱情为基础的婚姻才是幸福、美满的呢？这是由爱情的品格特性所决定的，爱情的平等性、自由性、专一性、持久性决定了以爱情为基础的婚姻中的双方能够互相尊重、互相信任、互相关心、互相了解、互相帮助、互相吸引、互相支持。婚姻双方能够从中得到生理、心理、肉体、精神上欲望的满足。

在以爱情为基础的婚姻中，夫妻之间能够互相尊重对方的人格和自尊心，能够平等相处，尊重对方的意见，细心听取对方在各种问题上的看法，尊重对方的权利，有事时互相商量，在取得一致意见的情况下再做决定。

在以爱情为基础的婚姻中，夫妻双方能够彼此信任。信任正是高尚爱情的表现。信任、不多疑是自己相信自己，是自己的心与爱人的心完全融合在一起的表现。相爱的人越是彼此信赖，他们的感情也就越深，他们能够从对方那得到一种安全感，感到一种幸福和满足。

在以爱情为基础的婚姻中，夫妻双方能够在生活上互相关心和体贴，尤其是在对方健康情况欠佳的时候，能够给予更多的关怀和照顾。在这种婚姻中的夫妻双方能够为爱护对方身上真正的美而斗争，能够为彼此的精神美和道德美而努力。夫妻之间的爱情基础越是牢固，他们在精神和心理关系上的内容越是丰富和充实。这样，夫妻双方就能在道德上、精神上的发展保持平衡，相互得到满足与安慰，从而获得一种幸福感。

在以爱情为基础的婚姻中，夫妻双方不仅在恋爱阶段了解相爱的人的精神世界，在缔结婚姻之后，双方还能继续了解对方的精神世界。丈夫或妻子对自己的爱人在想什么、关心什么、需要什么了解得比较清楚，使得夫妻双方更加相爱，双方从对方那里得到精神上的满足和安慰，使得爱情得以发展。另外，在以爱情为基础的婚姻中，夫妻双方也能够细心地去体察和了解双方的生理需要和心理需要，并且在主动地满足对方的这种需要的时候，也使自己的需要得到满足而感到无比快乐美好。夫妻双方之间有性的魅力即生理的吸引和精神的吸引，双方互相从对方那里得到满足感和幸福感。婚姻的满足与夫妻见解上的一致有着密切的关系。而在以爱情为基础的婚姻中，双方价值观念是一致的。这不仅促进了夫妻相互吸引，还保持了感情上的融洽，双方都得到情感上的满足。在以爱情为基础的婚姻生活中，夫妻之间的爱情表达显得情不自禁，双方内心的喜悦，是对对方的积极、肯定的评价，它使双方感到快乐和鼓舞，使人感到年轻而充满活力，这样的夫妻更加恩爱、更加幸福。

更重要的是，在以爱情为基础的婚姻中，夫妻双方在感情上互相支持，即双方之间相互提供心理上的满足。首先，相爱的夫妻双方在得到对方的爱时便感到喜悦和愉快，并作出相应的回答，使对方感到了报偿而肯定自己爱的价值。其次，相爱的夫妻双方在工作和事业上能够互相理解和支持，当一方在事业上取得成就受到赞赏和社会的承认时，作为伴侣的另一方也会给予认可和鼓励，使对方的自尊心得到满足，并体会到自己所从事工作的意义。最后，相爱的夫妻在相互信任基础上能够形成和谐、宁静的家庭环境，使双方心理得以满足。双方能够熟知对方的性格、习惯、爱好，能预见对方的意见以及相对固定的生活方式，使双方获得了一种安全感。相爱的夫妻在夫妻生活中不满足现状，不断有新的追求和新的探索，使得夫妻之间在精神上不断推向新的境界，获得更高、更新的精神满足和幸福。

总之，爱情是婚姻的基础，婚姻的美满、幸福，取决于夫妻双方是否存在着爱情，是否能保持爱情及爱情的牢固程度。只有以爱情为基础的婚姻生活，夫妻才会互相尊重、互相信任、互相关心、互相了解、互相吸引、互相支持，夫妻一方的需要才会同另一方的需要协调一致地、和谐地结合起来，双方才能体察对方的需要并使其从自己身上获得满足。

当然，不能说只要是有爱情的婚姻就一定幸福。诸如浪漫的爱、现实的爱、神经质的爱、奉献的爱和享乐型的爱等各层次的爱情，如果在婚后未能深化与更新，双方就会从各自理想的天堂坠落尘世，从而深感失望，平淡无奇和幻梦破灭。要知道爱是一种能力，婚姻相处则是一种非常复杂的艺术，婚姻生活是否完美、幸福，有待婚姻关系双方躬身力行，不断创造、协调。

事实上，婚姻关系是人世间最难相处的关系之一。整个婚姻生活在漫长旅程中都充满了危险。新婚数年之后，孩子降临带来的责任和忧虑，随之而来的是对婚姻生活的倦怠，夫妻之间不知不觉积累起隔阂，缺乏信任，因而日渐不和，繁重的事业和家务的压力，夫妻间缺乏沟通，夫妻地位的平衡就会受到扰乱，出现家庭内的权力争斗。在更年期阶段，由于性格和情绪的变化，也会破坏婚姻的稳定。进入老年时，老年夫妻如不能互相帮助，就不能相互理解、体谅和宽容，家庭生活也会趋于瓦解。所以，要保持婚姻的幸福和谐，婚姻不仅应以爱情和维持爱情为基础，还需要讲究和谐相处和沟通的艺术。

怎样才能进行良好的沟通呢？首先，要体察自己的感受和情绪，接受自己内在的感受和情绪，并用语言把这些情绪表达出来，在表达时不要加任何论断或分析对方的成分，不要期望对方一定会改变他的行为。其次，表达时需要勇气和坦诚，讲清楚是什么事情使你产生这种感受和情绪，不要随时、过分重复地表达感受。在表达感受和情绪时，不仅要表达消极的，也要表达积极的感受和情绪；在对方无闲暇或情绪也很激动时，最好不要只顾自己的表达；最好在每日晚饭后或睡前作深度的沟通表达，心平气和、坦诚地吐露心声。而且表达感受和积极倾听时，需要两者良好配合，才能进行完整的沟通。在表达感受时，应当不企图解决对方的问题，不企图对对方做出分析和判断，不以大道理来说服对方，应当保持客观性并站在对方立场上为对方设想。在积极倾听时，要专注地听，注视着对方，使他感到你对他的话感兴趣，他是受你尊重的，态度要轻松自然而且认真，必要时要回应对方的谈话。专注地倾听往往使倾诉者感到被理解和安慰，倾听者也能从对方的倾诉中，听到对方的心声，加深对他的理解，发现他心灵中一些尚未被发现过的美好品质。夫妻之间正确地表达感受和积极地倾听，可以增进彼此的了解，接纳和尊重对方的独特性，促进个人的人格成长，增进对共同问题和外部事务的参与感，满足双方亲情和亲和的需要。总之，真诚的爱情是幸福婚姻的基础，而共同参与、成熟的人格和相互尊重理解等则会成为幸福婚姻的保证。

五、建设幸福美满的家庭

家庭是幸福的温床，但家庭又不是静止的，而是能动的，家庭是随着社会的发展而变化的。当今，世界上科学技术的巨大进步和生产力的迅速发展，社会的深刻变革，给家庭这块亘古以来便给人以慰藉的快乐宫殿带来了巨大的冲击。离婚率上升、少年父母增多、代际裂痕扩大、未婚同居、生而不养、家庭暴力现象越来越严重……这些使人们不得不想到这样的问题：什么样的家庭才算美满幸福的家庭？如何才能求得一个美满幸福的家庭？探讨这个问题，必须与社会的变化对家庭的影响相联系。也就是说，必须把家庭放到变动不居的社会大背景中，才能找到答案。

社会生活的巨大变化，使家庭在伦理观、价值观、文化观、开拓观等众多方面发生了变化，使家庭职能发生了变化，如果不及时调整好这些家庭观念和职能，家庭就会落伍于时代而谈不上真正的美满幸福。

什么是美满幸福的家庭？它指的是以爱情为基础的，能够处理好家庭成员之间、家庭与社会之间关系的和睦家庭。

无论是婚姻还是家庭，都因爱而缔结组成，因爱而维系发展。爱是家庭的轴心，家庭是爱的摇篮。夫妻之间是性爱，父亲爱儿女谓之父爱，母亲爱儿女谓之母爱，子女爱父母谓之敬爱，兄弟姊妹之爱可谓友爱。爱有助于联络家人感情、沟通思想，以达相互理解和体贴，不仅是使家业兴旺的重要手段，还是使社会健康发展的重要条件。

现在的人越来越懂得，家庭之爱只有与国家、社会的发展和前途结合起来，才是真正的有社会意义的爱。爱别人的基础是自尊爱己。一个连自己都不会爱的人，如何能爱别人？只有正确理解自尊爱己观念的人，他的爱才是真诚的、深刻的、厚实的。尊老使老人心安快慰，爱幼使儿童天真而活泼。尊老爱幼、夫妇和顺，家庭成员间才能和谐生活，家庭生活才能稳定。所以，只有以爱为基础的家庭才是道德的、和谐的幸福家庭。

家庭不是一个独立的小岛，它要与邻里、与社会发生这样或那样的关系，只有处理好这两方面的关系，才能使家庭真正与社会和谐一致，健康发展。正所谓"国兴，福连黎庶；国亡，祸及家身"。

家庭不是一个浪漫的乐园，有人以为，只要有爱存在，家庭就一定幸福。其实不然。家庭是个现实的社会组织，它以爱为基础，却并不是只有爱就足够了。它需要处理许多现实的关系。如夫妻间关系的调整和适应，父母与子女间的了解和沟通，家庭与邻里、社会间的协调发展等。这些现实问题如果不处理好，家庭生活也不会和谐幸福。

总之，只有以爱情为基础的家庭才是幸福的家庭，但家庭的全部涵义不仅仅是爱情。它还要包括婚姻自主，男女平等，夫妻间互敬互爱，尊己爱人，尊老爱幼，使家庭成员间互敬互爱；寓爱于邻里，与邻里和睦相处，使家庭与邻里之间互敬互爱；移风易俗，爱家爱国，使家庭与国家、社会间和谐统一。唯有如此，才是真正意义上的美满家庭。

家庭的和谐、美满、幸福，使人身心健康、愉快而能自如地应付生活的一切挑战，利国利民；美满的家庭使夫妻和顺，兄友弟悌，长幼有序，尽享天伦之乐。家庭的不和谐，不仅各方面关系处理不好，而且长此下去，还会使人身心交瘁，不利于身心健康，于己、于人、于国家都没好处。所以，我们都应该努力处理好家庭中的关系，努力创立一个美满、幸福的家庭。

婚姻的成功体现为家庭的美满，家庭的美满又彰显婚姻的意义。家庭是指在婚姻关系、血缘关系或收养关系基础上产生的亲属之间所构成的社会生活单位。婚姻是家庭产生的重要前提，家庭又是缔结婚姻的必然结果。

家是永恒的港湾，疲了惫了，想一想家，那是你力量的源泉；家是永恒的基石，惧了怕了，想一想家，那是你自信的来源。家，一个简单的代名词，却承载了太多坚强与信仰；家，也许是简陋的草屋，却可以"风雨不动安如山"；家是一份永恒不变的情感。

人们如果有一个幸福美满的家庭，在社会上也往往是成功的；反之，如果整天困扰于家庭纠纷之中，则很难有所作为。家是温馨的港湾，无论何时，双方都能体会到浓浓的温暖存在。用心关爱生命中的另一半，既然他是你选定的终身伴侣，就要用一生的时间去不断地了解他，读懂他。有家的人，对家总是如此依恋，依恋回家，依恋家里的人，在家里，你可以完全敞开心扉，你可以完全拥有信任，你可以充分得到理解，我们使家充溢着幸福，家就足以让我们感到满足。

爱情与家庭生活，决不只是局限在家庭范围内，停留在休闲时间里，它会融进人的所有领域，所有时间。一个享受爱情和家庭幸福的人，像一艘加满燃料的船只，信心百倍地驶向生活的海洋。

两个独立的个体通过婚姻组成了家庭，而家庭作为一种特殊的社会关系和社会组织，对社会、对个人都具有非常重要的影响和意义。家庭不是一般的社会组织，而是自然属性与社会属性相统一的综合整体。家庭是社会的基本细胞，社会是家庭的基础。

对于整个社会来说，家庭是社会的基本细胞。家庭的本质属性在于它的社会性。从本质上看，家庭是一种社会生活的共同体。作为一个历史范畴，家庭不是从来就有的，而是社会发展到一定历史阶段的产物，并随着社会生产方式的变化而相应地变化。从家庭形式的演变历史可以看出，家庭每前进一步，都与社会的政治、经济、文化的变化相关联，社会的政治、经济和文化生活，都直接影响着家庭生活。家庭是社会的浓缩，社会的政治、经济、文化的方方面面都会反映到家庭中来，从而影响家庭的生活。可以说，国家的政治稳定、经济文化的繁荣是家庭安宁和谐、兴旺发达的社会保证和客观基础，没有国家、社会的发展，就不会有家庭的发展。

对于个人来说，家是人生的归属和支撑，是每个人都要去拥有的一份温暖和历程。守护家庭也是每个人的必然担当和义务，更是我们最为幸福和愉悦的事情。我们的一生在结束单身之后，便和家庭有了终生的牵绊和纠缠。原来一个人逛街、看电影，现在可以两个人一起去旅游；原来一个人吃饭，现在可以一起做一顿美味的午餐。当我们工作遇到压力时，两个人可以互相倾诉排解；当我们遇到有趣的事情时，我们可以相互分享相互传递美好。从步入婚姻开始，我们有了更多的羁绊，有了更多的责任，心灵也有了归宿。

婚姻对于个体来说，是一个成长、进步的过程，需要磨合、包容、彼此理解。它是一份无穷的承诺，也是一份无限的责任。尽管婚姻中存在许多困难和挑战，我们也要用心经营婚姻和家庭，让它成为我们心灵的归宿。

那么幸福家庭的标准又是什么呢？家庭社会学家提出了两种社会标准，即"自我感觉美满"的标准和"外人感觉美满"的标准。无论哪一种，它都能使人产生以下感觉。

一是归属感：欢乐，有人共享；痛苦，有人分担。家是人们心灵的港湾。

二是支持感：当你在人生的大海里沉浮，家庭的所有成员为你搭建起永不沉没的航母。

三是舒畅感：回到家，卸下那一层层面具，或躺或立，或哭或笑，还自己一个真诚的自我。

美国著名的家庭与婚姻专家斯特内特和德弗雷历经30年研究发现，幸福家庭具有许多相似之处。他们总结归纳提出了建立幸福家庭的六大要素。

一是关爱与欣赏：幸福家庭里生活的每个成员，都会彼此深深地关爱着对方，并且都会努力地发现对方的优点和长处，并加以欣赏和赞美。

二是承担家庭义务：幸福家庭中的成员都会花一定的时间和精力参与

家庭活动，包括家务劳动。他们认为这是承担婚姻义务的重要组成部分。家庭义务中还包括避免婚外情对婚姻的伤害，即使发生婚外情的情况，双方也会寻求积极的方式化解危机。

三是积极沟通：幸福家庭中的成员努力创造开放、轻松、和谐的家庭交流环境，并注重以积极的方式及时沟通。家庭成员之间发生冲突或遇到新的挑战时，不是消极应对或逃避，而是勇敢、机智地化解家庭成员之间的冲撞和摩擦。

四是共享美好时光：他们会认为最幸福的时光是和家人在一起。人生中最美好的时光是孩提时代。孩提时代最美好的记忆都是在家庭这个场所发生的，在家庭成员之间共享彼此的存在和幸福。

五是精神上的安康：他们一般都有共同的信仰，对生活有的乐观精神。他们把精神上的安康看成对对方关爱的中心，在这个爱的中心里，所有的家庭成员都来分享爱和幸福。

六是成功处理家庭压力和危机：幸福家庭中的成员具有更强的能力运用自己的智慧去化解压力和解决危机。他们懂得如何在危机出现之前就采取措施预防危机的发生，他们深知怎样动员所有家庭成员的力量来克服日常生活中出现的烦恼和困苦，在困难和危机面前重新规划家庭生活以渡过难关。

建设和谐美满幸福家庭，是新时代社会发展进步的客观要求。"家是最小国，国是千万家。"中华民族应该是世界上最有家国情怀、最重视家庭建设的民族。早在两千多年前，《礼记》就提出了"修身、齐家、治国、平天下"的哲学思想。修身、齐家是治国、平天下的基础和前提，只有加强家庭美德和良好家风建设，才能构建和谐社会，实现天下大同的宏愿。

家和万事兴，建设美满幸福的家庭，关键要处理好三种关系。

第一，处理好夫妻关系。夫妻双方都要承担起家庭责任，尽力教育好孩子、分担家务之责；要相互理解尊重，双方要多沟通、多肯定、多鼓励、多一些宽容大度，婚姻就像舞蹈，当对方前进时自己要退一步；要善于经营婚姻，佳偶非天成，经营婚姻，不仅是指物质，更多的还在于精神层面，如共同的兴趣、爱好，等等。家可以不是奢华的，但应该是温馨的，这需要我们用心去维护，用爱去浇灌。

第二，处理好长幼关系。长幼有序是家庭建设的重要方面，只有家庭成员自觉做到尊老爱幼，才能稳固家庭和谐的根基。在孝敬老人方面，百善孝为先是根本，但老人更希望在某些问题上得到儿女的尊重和理解。在关爱孩子上，尊重孩子个体发展意愿，多关注他们内心真正的精神需求，营造和谐的家庭氛围，不要给孩子创造充满敌意的家庭。

第三，处理好兄弟姐妹关系。兄弟姐妹手足情深，是华夏民族血缘基本的人伦情感，是人际间最亲密、最可信赖的关系之一。要讲亲情，兄弟姐妹即使有了摩擦，产生争执，也是"打断骨头连着筋"。要有担当，一个家庭要和睦发展，需要兄弟姐妹齐心协力。要有度量，遇事遇利互让而不是互争。

只有正确处理好恋爱、婚姻和家庭的关系，我们才能享受幸福的人生。

第十二章

幸福与工作

一、何为工作

工作可以说是现在很多人茶余饭后的话题，不论行业如何，对于工作似乎都有不同的看法。有的人认为是获得报酬的重要途径，有的人则认为是获得生活经验、提高自身技能的必要手段，也有的人觉得工作是实现自我价值的必由之路……

而无论是报酬还是自我价值的实现都可以看出，人们面对工作的时候，其实关注更多的是在工作中的获得感，包括对幸福的体验。

这也是为什么在谈论起工作时，很多时候我们更加注重的是对于最后工作结果的考量，也就是现在很多领域常采用的绩效考核，其本身目的是为了让工作在实操的过程中可以达到预定的目标，达到预设的最佳效果，本身没有什么问题。

可是越来越多的人纯粹地将工作往绩效所规定的那条"线"上靠，导致最后也只能为了工作而工作，为了达到标准而努力，以至于忘记了自己工作的初心。

这对于每一份工作来说其实都是一件很悲哀的事情，工作的成功或许也没有那么令人喜悦，毕竟连成功的意义都失去时，成功好像也就没那么重要了，这也是为什么现在很多人不理解什么是工作？到底为什么而工作？

事实上，如果将整个社会比喻成一台巨大机械的话，那么社会中的每一份工作就是这台巨大机械里的齿轮，只有每一个齿轮在不停地运转，社会这架机械才能继续完成它应尽的职责。

也就是说，工作是构成整个社会重要的元素之一，同时是维持整个社会可以持续运转的必要条件。由此可见，工作对于整个社会的重要性是不言而喻的，这也是为什么无论哪个历史时期，工作始终都是众多社会学家重点关注和研究的对象。

一些工作负责打扫街道，让城市保持洁净；一些工作研究尖端科学，让科技不断迈向新领域；一些工作创造文化艺术，让一切的历史得以重现和焕发生机……

可以说，工作者其实就是工作本身的载体，离开了人的工作是不存在的。这样的观点在20世纪可能还非常适用，但是随着现代化程度的不断推进和升级，就有人质疑现在很多工作都实现了机械化和自动化，是不是说明这一部分的工作已经不需要人了呢？

事实上并不是这样，原因也很简单，自动机床是天然形成的吗？并不是，他们是工人在一次次的实验中研发出来的；机器人也是生物进化而来的吗？当然也不是，他们还是由人构建程序、构建实验体，最后搭建而成的。

"天河"遨游天空，"蛟龙"深潜海底，在勇攀高峰的过程中遇到技术难题和挑战，科研工作者们百折不挠、艰苦奋斗、披荆斩棘，攻克一个又一个技术"瓶颈"，以几十年如一日的坚守、敢闯新路的顽强拼搏诠释了努力工作的深层内涵，无一不与人息息相关。

不过还有人提出可不可能让机械完全取代整个工作流程？理论上来说，只要技术可行的话确实可以达到，并且对于一些制造业和重复度很高的产业来说既是可以降低成本、减少员工身体损伤，又是可以提升生产效率的重要途径。

泰勒认为，获得幸福的必然途径之一，就是工作。我们能够从工作中获得很多有意义有价值的事情，失去工作会让人的幸福指数下降，失去自尊心，甚至存在感，也会失去别人对自己应有的尊重。更有甚者会丧失对自己社会身份的认同和角色的认知。我们在从事某项工作的时候，在行为上和心理上产生的良好状态，特别是对未来的意义都会唤起内心深处最柔软的幸福感。这些内在的联动诠释了幸福与工作的全新关系。

我们身边就不缺这样的例子，年轻的驻村干部黄文秀白天跑到各个单位争取项目、申请资金、选址、修路、建立电商服务站，努力让村子富起来、美起来，晚上挨家挨户了解情况，谈话交心，帮助乡亲们排忧解难；平均年龄只有30多岁的"嫦娥"团队、"北斗"团队、"奋斗者"号载人深潜团队不舍昼夜、潜心钻研，突破一个又一个技术"瓶颈"，勇攀创新高峰；故宫博物院的年轻文物修复师杨玉洁静心学习、传承绝技，她通过清洗、配胶、粘接、打磨、补配等一系列繁琐工艺，恢复了文物往日的神采……面对生命我们有敬畏，面对历史我们有深思。

诸如教师这个职业，唐代著名文学家韩愈就在其著作《师说》中曾表示："师者，所以传道受业解惑也。"其中很明确的说明了老师的职责："传道""授业""解惑"。

伴随着现代科学技术的发展，目前的机械和人工智能已经可以做到后两点了。"授业"，在网络课程迅速发展背景下，足不出户就可以通过网上课程学习各种各样的知识，从小学到大学，从基础学科到应用科学，可谓是应有尽有，再加之疫情使然，网络课程开始大量出现，突破时空限制，不断推进了教学交互手段和共享途径的发展。

所谓的"解惑"就更好理解了，目前在网络上可以找到的专业搜题软件数不胜数，其本身有着大量的题库，无论是小学的简单计算还是大学的高等数学，无论是诗词歌赋还是历史哲学，很多题目都可以在那些解题软件中找到答案，并且准确率还出奇的高。

但是老师还有一个更重要的作用，那就是"传道"，要求师者言传身教，传授知识的同时兼顾提升学生的人格魅力，也就是传播做人的道理。

假如这样的工作都交由机械或者人工智能来做的话，他本身作为师者也就失去意义了，那又怎么能传递做人的道理呢？而且早在人工智能建立之初，对其就做了严格的规定，只能由人类来控制人工智能，而不能由人工智能来控制人类。

因此，即便现在人工智能和机械替代了工作者的许多工作，但是用人工智能和机械取代工作者是绝对不现实的，由此看来，工作和人是无法分离的。

工作的概念主要指劳动，其可以创造价值。工作不是生活的全部，生命的意义在于生活，在于生命的华彩。工作是为了让生活过得更好、更有价值。工作的意义在于发挥我们的潜能，达成自我实现的满足感，使我们的心情更加愉悦，从而使我们的生活更加美好，更加充分地解放自己。

每个人的人生目标其实是不一样的，获得感也存在很大差异。为了目标而奋斗的整个过程就是体验超越自我的历程，每一份工作对于每一个人的人生来说意义都是非凡的。

二、工作对于人生的意义

工作的意义对于大多数人来说，最主要的原因可能就是获得报酬，这或许是绝大多数人选择工作的直接动因。

中国有语："君子爱财，取之有道"，工作的意义在于依靠自己的勤劳和智慧创造财富，获得幸福生活。懂得财富的重要性，但在财富面前不能迷失自我，获得幸福的同时须守住一定的道德底线和原则，由此获得的幸福也才有阳光和温度。

从管理的角度来理解，在工作过程中提供适当的激励措施，可以极大地提高员工的积极性，从而提高工作效率。而根据马斯洛的"需要层次理论"和赫茨伯格的"双因素理论"更是全方面地论证了激励对于员工的重要性，而从他们的理论中，也可以简单总结出奖励制度、绩效评估、资质提升、参与决策、团队合作奖励等一系列激励措施。

在这些众多的激励措施中，其中最直接也是最简单的方式就是提高其工作收入，劳动者为了获得更好的生活就会努力提高工作效率，也因此而获得了更多的幸福来源。

然而，我们拼命工作，难道仅是为了这一个目的吗？其实不然，工作能够锻炼心志、历练人性，同时工作也是人生最尊贵、最重要、最有价值的行为，更是人生轨迹必不可少的存在。

对于一份工作来说，其本身肯定需要掌握一定的技能，不同的人做不同的工作，不同的工作承担不同的目标，而也是在工作中，可以一步步提升自己的能力。工作不仅是我们在这个社会谋生的手段，更承载着劳动者的自我价值。

这里的能力是多方面的，最直接的当属是工作上的能力。刚入职的新人和熟练掌握工作技能的老手肯定是有明显差距的，而新人在工作的过程之中通过自己的总结和时间的积累也可以一步步地走向成熟和稳重，掌握工作技巧，从而更快、更准确地完成工作目标，这样的能力只通过简单的理论知识是很难实现的，唯有通过亲身的工作实践才能沉淀和积累。

在这个大千世界里，没有任何一份工作是可以完全满足我们的人生理想的。然而，只要我们情愿，并且我们还执着，我们就能在工作中找到幸福，找到人生的价值和意义。

事实上，工作是人接触社会的一个重要窗口，也是快速融入社会的重要途径。工作作为生活中的重要组成部分，每天的生活往往会对人生的价值观念和生活观念产生细微影响，而就是这样的细微影响，在长此以往的时间里会直接影响整个人生的走向。

工作其实很大程度上就是带领着我们去适应社会里的生活，去跟随社会的走向，这对于从来不工作的人来说是很难感受到的，毕竟工作的过程往往和社会的交流、发展密不可分，即便是从最简单的工具上的变化，同样可以让人感觉到社会的变迁和发展，这其实才是工作对于一个人来说最大的意义。

在很大程度上，工作在带给我们适应社会的机会的同时，对每一个人来说也是一种改变，这种改变可以是正向的，也可以是逆向的，一切因人而异，不能一概而论。

但总的来说，绝大多数人在工作中当然是为了获得正向的提升，无论是获得优厚的物质条件，还是获得人生价值的提升，都是从工作中获得积极的意义，也就是达到幸福的归宿。

2023年6月28日中国传媒大学举行毕业典礼，其中盲女硕士董丽娜的发言感动了万千网友。董丽娜出生时便患有先天弱视，到了十岁时彻底失明，当时她就读于大连盲聋学校，在这期间董丽娜完成了义务教育阶段所有的课程，并利用课余时间读完了馆藏的几百本盲文书籍。

后来，董丽娜在大连市盲人技术学校学习中医推拿，课上老师就对她和同学们说："你们一定要好好学习推拿，这将是你们以后唯一的出路"。对此，董丽娜很困惑，"为什么所有人都只能做同一件事情，过同一种人生？为什么人生才刚开始就被宣判了结局？"

2006年，董丽娜通过一次偶然的机会接触到了播音朗诵，从这时开始，播音主持这个专业深深吸引了这个盲人女孩，她毅然决然地辞掉了这个老师口中的"唯一的出路"，孤身一人来到北京寻找自己的梦想。正如她所说："第一次知道原来声音具有这么大的吸引力！"除了吃饭睡觉，她几乎所有的时间都在摸着盲文练习发音，在追梦的路上，董丽娜的脚步从未停歇。为了更加系统地学习播音主持，提升自己的专业水平，她报考了中国传媒大学的研究生。

2020年7月，董丽娜考入中国传媒大学播音主持艺术学专业，在2023届毕业典礼上她作为毕业生代表上台发言：

"愿我们无论在何方，都心怀梦想，坚持热爱，永远脚踏实地，淡定从容。愿我们的心中有祖国河山，有社会大任，有世界格局，在各自的人生当中去成就自己，成就他人，也成就世界。"

不过对于不同的人来说幸福的定义也是不同的，在一些人的认知里，幸福就是获得优越的生活，而另一些人可能觉得幸福是实现自己的理想。但无论是哪种观点，幸福其实都是对美好生活的向往。

无论对谁来说，生活其实就是追求幸福的过程，尽管漫长，但是所有人都对此努力奔赴，这也是为什么所有人即便知道生命的尽头一无所有，却依然选择一往无前的原因，说到底，人生的旅途其实就是一个追求幸福的过程。

在这个过程当中，从踏入社会开始，我们真正直面的生活其实更多的是和工作一起度过的，那既是追求幸福的过程而所承担的生活，却又是工作，两者是相互演绎的。

三、工作与幸福的关系

近年来，伴随着生活节奏的加快，就业环境发生改变，人们对于工作的态度也开始发生了一些变化。之前一些街头采访，诸多电视台的记者都会带着摄像团队在街头随机采访路人或者正在工作的人们，他们提的最多的一个问题就是："你幸福吗？"

对于他们的回答其实没有必要做出多少评论，不过也从那时候开始就可以看出，当时的人们已经在关注工作与幸福的关系。但也是因为这样的原因，让越来越多的人开始对节目组采访的行为议论纷纷，其中当然也包含着一些不和谐的声音，而也正是因为这些原因，导致工作与幸福所存在的问题开始出现，并且在当时还引起了不小的关注。

但总的来说，幸福和工作的矛盾其实更多的还是在个例上表现出来，其本身并不能完全代表整个大环境下两者的关系。而且二者作为生活中不可缺少的部分，其实在很多地方都存在着联系，他们的关系不存在也不应该存在矛盾，而应该是幸福演绎的逻辑关系。

工作其实更像是生活的载具，如果说人生的旅途是一条遥远的铁路，而幸福是我们所要经历的一个经停站的时候，那么工作就是我们所乘坐的列车，它带领着我们前往一个个幸福的经停站或者终点站。

就幸福的概念来说，有一些是包围着我们的，包括彼此生活中所能拥有的，给我们带来生活愉悦的有形或无形的存在，比如说父母给予我们的爱，给我们带来快乐的礼物等，都是可以真切感受到所谓幸福的东西，这对于我们每一个人来说都是只要察觉就会存在的东西。

简言之，我们吃着母亲做的可口饭菜、听着同学或同事送上的真诚祝福、看着祖国的大好河山……我们被幸福包围着，但是我们却没有认真体验。因为，我们总以为这是一些平常的事情，生活本该如此，于是一切成了"本来就应该这样"。慢慢地，我们在无数的不经意间将许许多多的幸福忽略掉了。

其实，幸福需要我们不断学习，用心去感受、去珍惜、去传递。幸福也是需要提醒的，少一分视若无睹和理所应当，我们将拥有多一份的幸福感。毕淑敏在《提醒幸福》中写道："享受幸福是需要学习的，当幸福即将来临的时刻需要提醒。"

人生要经历的过程，其实正是我们触摸和正视社会的历程，人类具有社会属性，没有人可以脱离社会单独存在，融入社会是每一个社会人必须要接受的现实，单独存在的人是不可能的。

总之，融入社会最好的方法就是工作，在工作中可以更好地了解社会，而了解的过程正是对整个社会阅读的过程，也就是靠近幸福的过程。

所以说，在一定程度上，工作其实是靠近幸福的载体，只有认真地看待工作历程，才能拉进和幸福之间的距离，窥探到幸福的存在。

根据马斯洛的需要层次理论，包括人类需求的五级模型，通常被描绘成金字塔内的等级。从层次结构的底部向上，需求分别为：生理（食物和衣服），安全（工作保障），社交需要（友谊），尊重和自我实现。这种五级阶段模式可分为不足需求和增长需求。前四个级别通常称为缺陷需求（D 需求），而最高级别称为增长需求（B 需求）。

如果说工作与最基本的生理需求的关系，首先最直接的还是酬劳问题。物质作为推动社会发展不可或缺的条件，它的作用是非常巨大的，同时对于我们每一个人来说，物质也是获得幸福的重要基础。

从金钱里获得幸福，每一个人都有自己不同的看法。

简单说，有的人可能生活一般，他原本所拥有的金钱不足以让他过上自己想要的生活，但是某一天，他获得了足以改变生活现状的金钱，让生活的质量得到了明显的提升，达到了心中的预期，可能这就是他所想要的幸福。

从工作中获得金钱，对一些人来说可以从现实层面上得到一定的幸福，可以说，工作是特定人群获得幸福的渠道，不过这只限于从金钱上获得幸福的人，而并不是所有人都如此。

比如，对于那些本身就有优越条件的人来说，金钱对他们的吸引力可能并不是那么大，他们渴望的幸福也许与金钱所带来的物质生活存在着些许不同，他们更加注重精神层面的需求，而不是简单的物质层面的提高，毕竟这并非是他们最想要的。

工作是我们融入社会的一个重要途径，无论从什么角度定义人类，最为关切的都是人类的社会属性和群居特性。试想在远古时期，比我们祖先强大的动物数不胜数，可为什么在数千万年的演化当中，只有人类凭借着自己的力量活了下来，而那些比原始人类强大得多的动物却在自然演化的历史长河中逐渐消失。

产生如此结果的原因很多，但是其中一个无法被忽略的原因就是人类开始出现了与其他动物不一样的社会属性，而正是这样的社会属性让整个人类的发展更加趋于平稳，使人类得以一步步走到今天。

试想一下，在一个完全孤独、完全没有依托的世界里，即便内心再强大的人可能也会滋生出无限的恐惧，就更不可能存在所谓的安全感。也就是说社会化的过程能满足人对安全的需求，而劳动就是社会化的必经之路和最优路径。

安全感是幸福最重要的源泉，简单来说，一个人如果连自身内心的安全都无法保证，那么这只会让他无限与幸福拉开距离。

所以，除了金钱，工作也可以很大程度地使我们融入社会，加强内心的安全感和群体意识，这样的安全感和群体意识，是我们接近幸福，获得幸福不可缺少的一部分。

工作上的社交不可避免，一方面，很多工作仅凭一个人是无法完成的，它需要相互合作才能达到预期效果。另一方面，只要是社会承认的工作，工作的过程其实就是社会资源交换的过程，资源当然不会自己凭空交换，所有的传播过程都需要载体，而工作间社会资源的传播和交换的载体就是参与工作的人，其在工作中交流的过程，本身也就是社交的过程。

有研究指出，拥有孤独感的人们自控力更低，容易出现抑郁、睡眠问题等精神健康问题，染上酗酒习性的可能性也更高。而《自然》杂志的一项研究则在动物实验中证实了社交隔离对动物身体的影响：长期独处的果蝇的基因表达、神经活性以及行为都发生了不利的变化，例如它们往往会吃得更多、睡得更少。诺奖团队最新发现：孤独是一种病，连果蝇都会睡不着觉。

由此可见，社交对于一个正常的社会人来说是非常重要的，从某种程度上来说，社交很大程度上和一个人心理和生理的健康都保持着关键的联系，而这也就和人的幸福存在着一定的关系。

其实工作本身就是一个人际交往的过程，在工作的过程中可以获得崭新的人际关系，从而提升我们适应社会和解决困难的能力，进一步融入社会。而在工作中，我们还可以通过自身的努力获得他人的认可，以及更多人的尊重。尊重可以让我们能更加正视自己的生活，同时获得继续前进的动力，可以说，获得尊重的动机，使人有了进入社会的欲望。换句话说，一个人只要想获得他人的尊重，其本身就会自觉融入社会，完成社会化的过程，这也是为什么一个人最重要的就是对自己的尊重，从而获得自我满足和自我发掘。这也是为什么对于一些人来说，他们工作的目的并不完全是为了提升自己的物质生活，更多的其实是欲求精神上的提升，其中最重要的就是获得他人对自己的尊重。

获得尊重很大程度上也是获得幸福的前提，这也是工作能够带来幸福的重要途径和原因。

工作是体现自己人生价值的重要路径，也是通向幸福的载体。通过努力工作，提高自己各方面的水平，为整个社会的发展做出贡献，从而实现自己的人生价值。而对于人生价值的实现，这本身也就满足了人生需求，靠近了幸福。

工作很大程度上是一个漫长的旅途。一个良好的工作心理就像是前进的航标和已经准备好的地图一样，它是我们面对未来工作的一个重要保障。如果你在开始工作前没有相应的心理准备，那么最后的结果也未必如愿。在做好心理准备之后，也不要急着行动。

目标对于每一个人来说都格外重要，它就像黑暗海域中远处闪烁的灯光，就像是探险者看着地图上越来越近的标记，就像是抬头遥望的终点线……每一个目标，都是身处迷茫中的希望。

虽然说条条道路通罗马，但是从不列颠海峡直达和翻过阿尔卑斯山，再到达罗马完全是两种不同的概念，至少在时间上就存在着巨大跨度，即便他们都到达了罗马。

有人总会在不停的工作中逐渐迷失自己，到头来可能连自己为什么工作都陷入了迷茫，甚至因为工作而变得麻木，这就要求我们，在工作的时候，要做到不忘初心。

"不忘初心"四个字说起来简单，但是实践起来却并不容易。像现在很多反贪剧里，那些官员原本也是一个个意气风发，立志干出一番大事业，造福人民的人，可是伴随着工作时间越来越长，无法抗拒诱惑，没有守住底线，成了社会的蛀虫。他们最大的问题，其实就是忘记了当初自己工作的本心到底是什么。

可以说，初心是我们整个工作过程中最重要，也是最容易被忽视的部分，我们每个人都要时刻记住自己是为了什么而工作。

工作的出发点可能很简单，也许是为了获得更高的报酬，或者是为了更好的职位，但是无论如何，不能在忙碌的工作中迷失了自己最基本的原则和最初的梦想，否则只会沦为工作的傀儡。我们应该把中国共产党人的初心和使命"为中国人民谋幸福，为中华民族谋复兴"刻在骨子里，流淌在血液里。如此工作便是幸福，人生足矣。

工作其实并不是生活的全部，但工作确是生活中最重要的一部分，在偌大的社会当中，我们每一个工作者其实都很渺小。我们也许无法窥探到整个社会的全貌，工作推动了整个社会的发展，而巨大的社会也将它所带来的幸福逐一散播在我们每一个人身上，我们每一个人所拥有的幸福，其实就是人生的全部。当然了，幸福都是奋斗出来的，不是工作了我们就可以得到幸福，而是在工作中奋斗，幸福的源泉也将源源不断，永不枯竭。

四、如何从工作中获得幸福

每个人都想要获得幸福。假如我是一个学生，那么我认为和睦的家庭、开明的父母、优异的成绩和很多的玩伴就是幸福；假如我是一个丈夫，那么我希望有一段美妙和融洽的夫妻关系、一个听话的孩子以及一份事业有成的工作；假如我是一个工作者，我希望我的薪资是丰厚的、希望得到众人的尊敬和爱戴。几乎绝大多数人都是这样想的，因为这样的想法是美好的且是容易的。

要想获得真正的幸福，我们必须主动出击，解决眼下的难题，逃避这些问题只会让我们更加煎熬和忧愁，倒不如选择接受这些问题，然后我们再主动地去解决。其实，现实中很多的人，只想要回报，而不是付出；想要结果，而不想要过程；想要成功，而不是奋斗。

生活却并不是如此。想要回报就必须付出千倍万倍的汗水，想要结果就要忍受枯燥乏味的过程，想要成功就要努力地去奋斗，问题促成了我们的成功，奋斗催生了我们的幸福。

正如弗洛伊德所说："有一天当我们回首往事，会觉得那些奋斗的岁月才是最美丽的。"我们追求的幸福就在身边，但是我们总以为所谓的终点就是幸福，这就让我们忽视了身边的幸福瞬间。那么怎么在工作中寻找自己的幸福呢？

第一，接受自己的平凡。泰戈尔曾在《飞鸟集》中写道："当我们是大为谦卑的时候，便是我们最接近伟大的时候。"劳作，是一种最谦卑也最伟大的姿态。

农月无闲人，倾家事南亩。"95 后""新农人"卞秀会是地地道道的农家姑娘，父亲是做农技推广工作的，在父亲的熏陶下，卞秀会也对农业科技产生了浓厚的兴趣。她毕业后便进入一家企业，但是心里怀揣着对农业的热爱以及想着为乡村振兴做出自己的贡献，于是她辞去工作，成为扬州市扬子江种业有限公司的一名农技人员。

她出入稻田，研究水稻新品种的培育，将水稻的长势情况记录下来，也会指导当地乡亲进行科学插秧……2023 年"五四"青年节，卞秀会被表彰为第六届高邮市"十大杰出青年"。

有人说卞秀会应该待在公司大展身手，充分发挥自己的能力，而不是选择做一个农民，让自己所学的知识难以施展。可是面对这些质疑，卞秀会说："我的偶像是袁隆平爷爷，要学习他严谨、细致、求实、扎实的工作作风，干一行、爱一行、钻一行。"

伟大出自平凡，平凡造就伟大。平凡不是平庸，而是心中的热爱，是对理想信念的坚守，只有把平凡的小事做好，我们才能迎来不平凡的人生。就好像《士兵突击》里李梦说的："光荣在于平淡，艰巨在于漫长。"卞秀会便用自己的行动证明了这一点，不浮躁、不懈怠，能甘于平淡，坚守本心，她从热爱的农业领域寻找着自己的幸福，在她看来，幸福就是用毕生所学造福万千百姓。

第二，不屈不挠，努力奋斗。"繁霜尽是心头血，洒向千峰秋叶丹"。科研人员有多辛苦，仅是倾听这些故事都觉得热泪盈眶，自不必说身在其中所经历的艰辛。

年近半百的南仁东，带领他的团队走遍云贵 300 个喀斯特地区的洼坑，拄着一根竹竿，喝的是天然的"浑水"，吃的是冰冷的干粮，睡的是高山草地，但就是在这种恶劣的环境下，克服了重重困难，修建了让世界为之瞩目的国之重器——"中国天眼"FAST望远镜。

三言两语说不清南仁东在这8000个日夜里的坚守和付出，二十二年，一件事，他把最美好的年华都奉献给了中国天文事业，生命不息、奋斗不止，为FAST燃尽了生命中最后的火花。

南仁东把生命都献给了自己热爱的国家和工作，他在工作中找寻着自己人生的意义，南老曾说："这个东西如果有一点瑕疵，我对不起国家。"他的学生评价道："南先生在用他的生命，成就了一个国家的骄傲。"何为幸福？是拥有一个真正热爱的事业，执着追寻，不忘初心；何为幸福？是有一颗赤诚的爱国之心，逐梦星河。

第三，热爱工作，充满激情。工作至少占据一天当中的1/3，如果在这些大部分时间里我们都是浑浑噩噩、得过且过的话，那么我们去哪里寻找幸福呢？只有对我们的工作、生活保持热爱和激情，才能让枯燥乏味的工作充满活力和灵性。如果一个人奋斗的激情都没有，那么他也很难取得大的成就，更别说从工作中获得幸福了。其中《用心去工作》一书中说道："激情，就是一个人保持自发性，就是把自身的每一个细胞都调动起来，去完成自己内心渴望完成的目标。激情是一种强有力的工作态度，一种对人、事、物和信仰的强烈情感。"

电视剧《士兵突击》里面的一句话："磨难从不是最可怕的，无尽的颓废才是！"再回顾这部剧，仍然会被里面的"不抛弃，不放弃"的精神折服，主角许三多永远保持着为梦想奋斗、拼搏的激情，他凭借坚韧的性格，不言放弃，百炼成钢，终成兵王。

逐梦的日子没有想象中简单，尽管有时生活困苦不堪，但我们仍然没有放弃的理由，每天都要认真去对待自己热爱的工作。只有在忙碌、疲倦、重复的工作中充满生机与活力，才能为幸福铺路，创造华彩人生。

什么是幸福？没有人可以给出完整明确的定义，但是追求幸福，却是我们一生的课题，我们将在追求幸福的路上找到属于自己人生的意义。

第十三章

幸福与财富

在当代社会，财富已经成为人们整个生活乃至整个世界的媒介，财富的重要性是不言而喻的。

而在同样追求幸福的我们不禁要问：财富与幸福的关系是什么？财富的增加与幸福感的提升是否成正比？我们需要树立怎么样的财富观？这些问题对于我们至关重要。在这一章节中，我们就来探索幸福与财富的奥秘。

财富只是金钱吗？

当有人问你，财富是什么的时候，很多人可能会脱口而出："财富就是金钱，金钱就是财富。"其实，财富与金钱的关系非常密切，很多情况下，财富等于金钱，但是我们不能简单的说财富就是金钱，因为这两个词语之间也存在一定的区别，只是很多时候我们没有深入地思考。

一、何为财富

其实，财富和金钱都是历史性的概念，不同的时期，人们对于财富和金钱的理解是不同的。在古代的时候，财富指人们拥有的钱财、房产、地契及可以交换的具有价值的物质性的东西，金钱指金、银及其他钱财。随着社会的发展，财富的内涵也越来越丰富，除了物质性的财富，还延伸出了精神方面的财富，比如健康、快乐、责任等，一切对人类有价值的东西都可以称为财富。而金钱也随着社会的发展，内涵逐渐丰富。

在汉语词典中，财富是指"对人有价值的东西。"金钱是指"货币、钱"。从词典中给出的定义，我们不难看出，金钱和财富是有区别的。财富的范围比金钱要大得多，凡是对人有价值的东西都可以成为财富，意思也就是说，财富除了有物质财富，还包含看不见和摸不着的财富，包括坚强、勇敢、耐心、决心、信心、爱心、真诚、真实、责任等方面的素质和感觉，当然也包括对人非常重要的健康、友情、婚姻、家庭等。

财富的定义有广义和狭义之分。广义的财富包括物质财富和精神财富，而狭义的财富仅指物质财富。考虑到精神财富的覆盖范围非常广泛，而本书篇幅有限，因此，本章中论述的财富主要从物质财富方面来论述。

物质和财富是人类幸福的首要前提，也是社会发展的基础，人们只有满足了物质对于人类生存和发展的需求，才能从事更高级的精神文化等活动。如果物质财富匮乏，人们对于幸福的取向和理解就会非常局限，人们在没有满足最低层次的需求的时候，根本无从谈及幸福。所以，物质和财富的多少虽然不是反映人类幸福程度的唯一尺度，但却是衡量人类幸福与否的重要基础。

马斯洛认为："高级需要的满足能引起更深刻的幸福感和满足感。"根据马斯洛的需要层次理论，物质需要属于人的低层次的生存需要，而精神需要属于人的高层次的发展需要，由于幸福与人的需要紧密相连，所以，物质幸福属于人的较低层次的生存幸福，但必须满足了生存需要才能成就更高层次的精神幸福和发展幸福。因此，物质幸福是满足精神幸福的重要基础。

在现实生活中，人们首先要满足自身的物质需要，追求最基本的物质幸福，同时，人又不可能仅仅满足物质需要和物质幸福，而必然会有精神需要，追求精神幸福。有时，精神幸福滞后于物质幸福。比如，一些为人类生存与发展做出巨大贡献的科学家、一些启迪人类智慧的哲学家以及给人带来美感的艺术家等，他们之所以被后人铭记，就在于他们追求的幸福体现了人生的意义，就在于他们追求的是高于物质幸福的精神幸福！正如车尔尼雪夫斯基说："幸福的斗争不论它是如何的艰难，它并不是一种痛苦，而是快乐，不是悲剧，而只是喜剧。"大学生追求幸福应建立在一定的物质基础之上但又超越物欲的持久的精神幸福。倘若一个人沉溺于物质享受，缺乏高尚的情操，势必感到精神苦闷、空虚、绝望；一个人失去了健康的精神生活，金钱就可能成为培植贪欲，产生伪善的欺骗的土壤，甚至使人堕落，道德败坏。

人们的物质生活条件是幸福和道德的基础与前提，只有提高人们的物质生活水平，实现生活中的快乐和幸福，才能产生道德，也才能维持和提高人们的道德水准。如果人们的物质生活贫乏，经常处在生活的不幸和痛苦中，那么社会的道德状况和人们的道德水准只能是低下的。

二、财富与幸福的关系

财富对人的一生起着举足轻重的保障作用。我们通过辛勤的劳动，创造和分享社会财富；通过自己的智慧和学识，增加财产性收入，分享经济社会发展的成果。这一切的最终目的，是为了追求更幸福的生活。

一定的财富积累能帮助我们实现一定程度的幸福生活。首先，财富可以给我们提供较多的资源。有一定的财富积累，人们可以选择更好的教育、培训和学习机会，从而提高自身的能力和竞争力。财富还能够购买更好的医疗服务、健康保险和优质食品，保持身体健康和延长寿命。其次，财富可以提高生活质量和满足感，提升人们的生活品质。适度地拥有财富，将物质财富与精神境界相统一才是幸福。

财富是实现幸福的重要源泉之一，它是幸福的必要条件而非充分条件，它在幸福中的地位取决于各个主体不同层次的体验，而对不断超越的幸福追求，财富能够满足的仅仅是低层次的需要。

财富与幸福是否成正比？

如果被问到："收入增加会让你更幸福吗？"你的答案很可能是肯定的。在全国调查中，对这个问题的回答几乎也都是肯定的。各行各业的人都认为越有钱就越幸福。但这仅仅是人们一厢情愿的看法，而有时事与愿违。

"幸福经济学之父"理查德·伊斯特林通过近半个世纪的潜心研究，综合其他经济学家和心理学家最新的研究成果，提出了著名的"伊斯特林悖论"。伊斯特林于1974年利用美国及其他11个国家的数据对幸福感做了跨国比较研究。他发现：第一，在一国之内，富人报告的主观幸福感高于穷人。第二，从跨国比较看，贫困国家与富裕国家的平均幸福水平并没有显著差异。第三，从历时效应看，国家经济的发展并没有带来国民平均幸福感的提升。因此，"伊斯特林悖论"包含了微观与宏观两个相互对立但又同时成立的命题。微观命题着重探讨的是个人的收入水平对其主观幸福感的影响，其结论可以表述为个人收入的增长能够显著地提升幸福感；宏观命题关注的是国家层面的经济增长对国民平均幸福感的影响，其结论可以表述为国家经济的增长不必然会提高国民的主观幸福感。

财富与幸福不能简单地画等号。财富与幸福指数息息相关，但不成正比。当财富积累到一定程度时，幸福与财富的多少无关。过去我们物质生活清贫，认为天天有鱼有肉就是莫大的幸福，现在这个目标基本实现了，但是还是有不少人觉得并不幸福。相反，我们却经常怀念20世纪七八十年代的时光，虽然那时物质生活贫乏，但是民风淳朴，自然环境清新秀丽。孩子们捉鱼摸虾，爬山戏水，有着无穷无尽的乐趣；大人日出而作，日落而息，不用担心无休无止的排名与压力，悠然自得。

三、财富不是衡量幸福的唯一标准

幸福作为一种满足状态以及对这种状态的感悟和体验，并不是一定要通过对财富地占有才能实现，财富并不是一种衡量幸福与否的正确标准。

亚里士多德认为，对于财富来说"不同的人对于它有不同的看法，甚至同一个人在不同的时间也把它说成不同的东西。在生病时说它是健康，贫穷时说它是财富；而感到自己的无知时，又对那些提出他无法理解的宏论的人无比崇拜"。这说明不是所有人都将财富对于幸福的意义看成同等的重要，因此也就使人们有时占有了大量财富却并不感到幸福，隐藏在大量物质财富背后的反而是更多的麻烦和纠结。

幸福的获得和体验是一个包含诸多环节的复杂的心理过程和精神现象，影响幸福的因素很多，既有物质层面的，也有精神层面的。相比较而言，物质层面的因素是影响幸福的最基础性的因素，比如经济收入。美国南加州大学经济学教授理查德·伊斯特林、被誉为"现代斯密"的阿玛蒂亚·森以及诺贝尔经济学奖得主卡尼曼等人的研究表明，幸福与经济收入虽然密切相关，但二者并非线性关系。这一研究结果启示我们，要在幸福观教育中引导大学生正确认知幸福与经济收入的非线性关系，使部分大学生走出拜金主义的误区。

我们会时常问自己："我们越来越富有，为什么还是不开心？"其实道理很简单，追求幸福，并不需要去追求财富，追求财富，并不能追求到真正的幸福。财富不是衡量幸福的唯一标准，只要你敞开心扉，快乐地去生活，勇敢地去追求幸福，幸福终究会降临到你的身边。不需要任何的矫饰，不需要任何的附属，幸福就是最为简单而纯粹的心灵体验，感受一切的真善美，用心体会生活的每一个微小的细节，你便可以感受到幸福。

正确的态度是认识到物质生活并不能涵盖生活的全部内容，更不能以物质生活的好坏作为评判幸福与否的唯一标准，而只有把物质生活转化成精神感受才能感受到幸福。往往那些源于生活让人感动又羡慕的细节是幸福的，不经意间，却时常被人需要，时常被人信任，时常被人记挂与回味，拥有这样的人生无疑是幸福的。

诚然，财富是人们日常生活中不可或缺的重要部分，一个人拥有更多的财富从某种程度而言可以增加人的部分幸福感。但是，是不是他感受幸福的程度也会像他积累财富那样的速度而很快地提升呢？答案是不尽如此。有钱就会感到幸福，只是单纯地狭义地从物质层面而言，财富只是一个人是否拥有幸福感的诸多因素之一。如果一个有钱人只是一个吝啬的守财奴，那么他永远也不会感到人生中除了财富还会有什么特别的意义。

人们对金钱的不同看法，说到底是由人们不同的人生观、价值观所决定的。有什么样的人生观、价值观就有什么样的金钱观。马克思主义者认为，金钱是物质财富的象征，对人们的生产、生活是重要和不可缺少的，但它不是人生追求的目的和意义。人赚钱是为了生活，而活着的目的和意义在于为社会、为他人做出奉献。

金钱和财富并不是人生追求、人生事业的唯一目的和全部内容，除此之外，还有亲情、友爱、奉献和创造。平凡的人，只是为了满足基本生活的需要，把金钱和财富看得比较重要罢了。如果一个人超越了平凡，走出了普通人的追求和境界，便会对金钱和财富产生一些不同常人的看法和态度。纵观人类文明史，放眼望去，不论在哪个历史时代，不论在哪种社会制度中，并不热衷于追求金钱和财富的人真是数不胜数、璨若群星。

他们有的把事业看得高于一切，对金钱和财富淡然处之。如世界著名科学家居里夫人，她把自己的一切都献给了科学事业，而从不捞取任何个人私利。在镭提炼成功以后，有人劝她向政府申请专利权，垄断镭的制造以此发大财。居里夫人认为那是违背科学精神的，不应当借此来谋利。居里夫人获得诺贝尔物理学奖后，还把奖金大量地赠送给有需要的人。

还有的人在拥有了金钱和财富后，并不是用于自己的挥霍和享受，而是用于对他人的帮助和支持。人人皆知的微软创始人比尔·盖茨，建立起了超过600亿美元的慈善基金会。他曾说，"努力地挣钱，努力地省钱"，就是为了"努力地捐钱"。并准备把自己580亿美元的财产全部捐给慈善基金会，一分一毫也不会留给自己的子女。

我们每个人的一生都只是在以自己独特的方式和能力服务他人和贡献社会。你越是为别人着想，你越会变得富有；你越是给予和帮助别人，你得到的就越多。我们来到这个世界的全部目的只是为了找到和活出那个真正的自我，找到履行自己独特的使命，活出自己独特的天命。只有活出自己独特的天命，才能在垒高财富山的同时，也跃升自己的幸福感。

马克思从来没有否定过物质财富的重要性，而只是强调在财富与幸福的关系时，必须摆正目的和手段、物质与精神的关系。

幸福的确需要以一定的物质条件为基础，发展经济的最终目的就是为人们获得幸福创造物质条件。但是，优越的物质生活不是幸福生活的全部内容——社会环境的和谐稳定、自然环境的舒适环保、人际环境的和谐美好等与民生相关的因素，都是影响人们获得幸福的重要条件。

四、精神富足才是最宝贵的财富

想要把握幸福未来就要拥有知识渊博、情趣雅致的精神富足。精神富有才是最为宝贵的财富。为此，必须努力刻苦读书。

金钱可以买来玫瑰和豪宅，但买不来爱情、幸福和快乐，发现、珍视并收藏身边日常平凡的点点滴滴，如温馨的细节、美好和快乐的瞬间，用一种平和的心态去看待一切人和物，那么你的人生就会多姿多彩，幸福也就会永远和你相伴。

纵观古今中外的历史，因精神懈怠而导致意志衰退及事业失败的教训，不胜枚举。古罗马军团曾经是一支纵横驰骋、所向披靡的精锐之师。后来由于精神懈怠，在纸醉金迷、骄奢淫逸中丧失了战斗力，最终导致一个横跨亚、欧、非三大洲的庞大帝国分崩离析。"八旗兵"入关前曾是"威如雷霆，动如风发"的"虎狼之师"，入关之后由于精神懈怠，骄奢淫逸，逐渐失去斗志，兵不成兵，将不成将，终日"三五成群，手提鸟笼雀架、四处闲游，甚或相聚赌博"。结果，在鸦片战争中不堪一击，使中华民族蒙受空前耻辱。由此可见，精神懈怠，事业便衰败，此乃不争的事实和铁律。鉴于历史的沉痛教训和身负的神圣使命，我们党一直强调要保持革命战争年代那么一股劲、那么一种精神，去实现新的长征，夺取新的胜利。

　　精神是一种无形的力量。精神上高尚富有，就会焕发创造力，增强凝聚力，提高战斗力。在新的征程中，面对新形势、新任务和新矛盾、新课题，共产党人在精神上高尚富有，就能成为党的精神财富的带头传承者，在强化我们的精神支柱和精神优势中发挥骨干中坚的作用，在开拓我们事业更为广阔的发展前景中激发活力，不断创造经得起历史、人民和实践检验的事业。在我们党长期执政和改革开放、发展社会主义市场经济的条件下，在相对和平和物质生活日益改善的环境里，领导干部在精神上高尚富有，就能成为党的政治本色的坚定保持者，在各种思想文化的相互激荡中和各种思想病菌的侵蚀面前保持敏锐的鉴别力、坚强的免疫力，保持手中权力为民所有、为民所用。在当今人民群众精神文化美好需求日益增长和社会思想呈现多元、多样、多变的情况下，共产党人在精神上高尚富有，就能成为社会主义核心价值观的模范实践者，在丰富人们的精神世界、促进人的全面发展中做表率，为强固与人民群众心连心的精神纽带，为在共同的思想基础上凝聚人心、凝聚力量做出应有的贡献。

　　总之，一个人幸福与否以及幸福的程度，与物质财富有关，但又绝非单纯的线性关系。物质财富可以为人创造良好的物质生活条件，可以使人的精神生活变得更有价值、更幸福，同时，物质财富还可以使人的生活更低俗、乏味，甚至不幸。"倘若人们在享受丰衣足食的物质生活时，能够利用这些物质财富来优化人际关系，促进家庭、社会的和谐，追求高层次的精神幸福，那么，他所拥有的物质财富就具有增值的作用，他所获得的快乐和幸福体验就会成倍增长。但是，如果人们把物质财富仅仅用于满足自己的低层次的感官享受，只是沉醉于物质生活的满足和感官的快乐中，那么，由于物质幸福具有强烈而短暂的特点，所以，我们就会看到这样的现象：随着收入的增高，人们的幸福感并没有同比增长。"

　　幸福掌握在自己手中。幸福是什么？每个人都在寻找答案。

　　在中国几千年封建社会里，儒家幸福观和道家幸福观曾深刻影响着每一个人。无论是儒家还是道家，都主张幸福内在于个人的精神世界，内在于每个人的生活，而不取决于外在的生活条件。可以说，在传统儒、道思想主导下，人们距离幸福是比较近的。

可是当追求财富最大化的市场经济开始主导人们生活的时候，传统幸福观开始面临各种欲望的强烈挑战。我们不否认一定的物质生活水平是实现幸福生活的先决条件，毕竟人是一个生物体，大多数人是要吃得饱、穿得暖才顾得上精神世界的。

但是我们发现，在经过40多年的改革开放之后，我们当中的绝大部分人都拥有了比前辈们多得多的财富，在相对以往日渐优裕的物质生活条件下，却也有越来越多的人感觉不到幸福。出现这种现象有着比较复杂的社会原因，其中一条就在于过分强调物质生活对于幸福的作用，这种观念引导着人们去追求根本没有终点的财富增长。

有时候，做幸福的人很容易，不因事业的成功挫折，不因情感的患得患失，不因日常繁杂的事物所搅扰等。但是为什么有那么多的人脸上看不到幸福的表情，这是因为在他们拥有丰富而敏感的内心世界中，为太多的世俗名利所累。没有了天高、云淡、风轻的悠然，幸福也就越来越远，遥不可及。

其实，幸福的钥匙就握在每个人自己的手中，并不分你从事着什么样的工作、具有什么样的能力，而只在于你是否对生活付出了真诚。"精诚所至，金石为开"，唯有真诚，才能打开人与人之间那把隔膜的"锁"。父母与子女之间真诚沟通，师生之间真诚关爱，朋友之间真诚交流，同事之间真诚合作……真诚的沟通能化解矛盾，真诚的关爱让人倍感温馨，真诚的交流能获得信任，真诚的合作能赢得成功……真诚是春风，它拂去了心灵的灰尘；真诚是雨露，滋润着友谊的花朵。李嘉诚说："真诚和信用是人生最好的担保。一个虚伪者，内心永远不会安宁；一个真诚的人，才能体会到心灵深处的坦然与幸福。"

五、树立正确的财富观

　　大学是青年人走向社会、迈向成年的关键阶段，对获得财富避而不谈不现实，透支自己的人生财富更不可取。就在不久前，几家调研机构先后发布2016年大学生消费趋势报告。"30%以上学生生活费不够花，39%的学生身边有人使用校园贷，50%以上学生参与理财活动，高校连续多年成为金融诈骗重灾区"，大学生如何管理钱包的问题不可小视。正确看待财富、学会理性消费、规避财务风险，建立起健康积极的财富观，已成大学生们亟待弥补的一课。

　　树立正确的财富观，要有积极的学习心态。作为一名大学生，首先，必须增强学习的主动性，认真学习马克思列宁主义、毛泽东思想，正确地运用发展辩证的观点和矛盾的方法去分析解决问题；其次，还要加强各门专业课的学习，提高自己的专业技能来应对将来工作和生活的各种挑战。

　　树立正确的财富观，要认真进行思想改造，强化责任意识。当代大学生要以马克思主义世界观为标准，不断检视自己的思想和行为，开展批评和自我批评，克服任性和自私。对于自身原因引起的问题要勇于承担责任，做一个能担当的大学生。还要敢于质疑错误的思想观念、腐朽的生活方式，要勇于接受同学和老师的监督。

　　树立正确的财富观，要明辨是非，把握好自己的言行。现在各种"文化"和"主义"充斥着整个社会，在这些思潮的影响下，一些大学生不能正确面对灯红酒绿和形形色色的这些现象，有的学生甚至沉迷其中无法自拔。对于此类的思潮，必须要有正确的认识，明辨是非，坚决抵制，否则，你原来树立的正确的世界观、人生观、价值观，也慢慢会被这些所谓的"新观念"所侵蚀。

　　树立正确的财富观，要积极参加课外活动，培养全心全意为人民服务的思想。大学生要利用学习时间参加一些有意义的活动，一方面能够帮助他人；另一方面在帮助他人的同时提高了自身的素质，也增强了对社会的责任感。

要有正确的金钱观。古人说："君子爱财，取之有道。"凭借劳动和知识得到金钱是无可非议的，但不能不择手段地攫取金钱。要当金钱的"主人"，不要成为金钱的"奴隶"。穷要穷得有志气，穷则思变；富要富得堂堂正正，富而思进。

人生在世，应该有比金钱更高尚的人生追求，那就是奉献。有钱能买到好房，但不一定能买到一个幸福的家，有的人拥有很多的财富，但是家庭关系不和谐，依然是不幸福的；有钱能买到好药，但不一定能买到好身体；有钱能买到好床，但不一定能买到好睡眠。

因此，财富与金钱不能代替一切，我们要树立正确的财富观和金钱观，真正做到取之有道，用之有度。

反对错误的财富观。随着市场经济的发展，大学生除了树立正确的财富观，还应警惕错误的财富观念，在反对错误的财富观中形成正确的世界观、人生观和价值观。

反对拜金主义。金钱作为一种财富形式，为人所创造并为人服务。人应当是金钱的主人，而不是金钱的奴隶；应当依靠自己的劳动创造财富，合理合法获取金钱。同时，金钱不是万能的，生活中还有许多远比金钱更有意义的东西值得我们去追寻。拜金主义是一种认为金钱可以主宰一切，把追求金钱作为人生至高目的的思想观念。在人类历史上，视钱如"神"的观念早已有之，但拜金主义作为一种社会思潮却是伴随着资本主义的发展而形成的，这种思潮至今还对一些人思考和认识人生目的有着不可忽视的影响。拜金主义将金钱神秘化、神圣化，视金钱为圣物，往往把追逐和获取金钱作为人生的唯一目的和生活的全部意义，使金钱成为衡量人生价值的唯一标准。陷于拜金主义的泥潭，并由此确立人生目的，其危害显而易见。"神圣"的金钱成为人的存在和全部实践活动的目的，个人生命的意义就会如人们所形容的那样，"可怜到只剩下钱了"；人与人之间除了赤裸裸的利害关系、冷酷无情的金钱交易，再没有其他的关系，人的尊严和情感被淹没在金钱的铜臭之中。拜金主义是引发钱权交易、行贿受贿、贪赃枉法等丑恶现象的重要思想根源。同学们需要理性对待金钱与财富,避免陷入拜金主义的误区。

反对享乐主义。健康有益的、适度的物质生活和文化生活,是人的正当需要,也有利于促进经济社会的发展。享乐主义是一种把享乐作为人生目的,主张人生就在于满足感官的需求与快乐的思想观念。把享乐尤其是感官的享乐变成人生的唯一目的,作为一种"主义"去诠释人生的根本意义,是对人的需要的一种错误理解。一些大学生用父母辛苦劳作挣来的钱追逐名牌和奢侈品,比阔气、讲排场,在消费上超出自己及家庭的承受能力,有的甚至因此负债累累。这些错误的观念和行为,不仅影响大学生的健康成长,而且败坏社会风气。同学们要自觉抵御享乐主义的冲击,树立正确的消费观念,培育积极健康的兴趣爱好,在努力奋斗中去获得成功与快乐。